JN219575

梶谷真司

考えるとはどういうことか

0歳から100歳までの哲学入門

GS

幻冬舎新書

513

はじめに

出会い

私は長い間、哲学というのが、もっとシンプルで誰にでもできるものにならないかと思っていた。べつにいわゆる哲学の思想や問題を広く人に知ってもらいたいわけではない。物事をひっくり返したり、角度を変えてみたり、あれこれ考えるのは、それじたい楽しいことだ。きっと誰にとってもそうにちがいない！という勝手な確信があった。けれどもそれが具体的な形をとったらどのようなものになるのか、ずっと分からなかった。そうこうするうちにある時、「哲学対話」というものに出会って、自分の思いが一気に現実味を帯びてきた。

哲学対話というのは、本書で詳しく説明するが、5人から20人くらいで輪になって座り、一つのテーマについて、自由に話をしながら、いっしょに考えていくというものだ。

私がはじめて見たのは、２０１2年の夏、ハワイにおいてであった。「子どものための哲学(Philosophy for Children)」というのを実践している現地の高校と小学校の授業に参加する機会に恵まれた。その時、子どもたちが真剣に考えながらも、うれしそうに笑っている様子を見て、何とも晴れやかな衝撃を受けた。そうだ、考えることは、一人でやっても楽しいけど、こうやってみんなでやれば、もっと楽しいんだ！　だったら対話の場を作ればいい！

そういうわけで、以来いろんなところで哲学対話を行ってきた。大学で、学校で、地域コミュニティで、農村で。すると、ハワイで見た子どもたちと同じような表情に、うれしそうに考えている姿に、老若男女問わず、いたるところで出会った。

普通ものを考えている時、私たちはけっこう気難しい顔をしている。あまり楽しそうではない。むしろつらそうだったりする。ところが対話をしている時、多くの人は大人も子どもも楽しそうに目を輝かせ、時に眉間にしわを寄せながらも、とても満ち足りた表情を見せる――人が考えている姿っていいなあ。

そんな対話の光景を何度も目の当たりにするうち、分かったことがある。ここにはアメリカとか日本とか、子どもとか大人とか、男とか女とか、そんな区別なんてない。国籍も、年齢も、性別も、学歴も関係ない。みんな考えることが好きなんだ。考えることって楽しいんだ！――これは大きな発見だった。

けれども、もっと多くのことが分かってきた。まず、「考える」ということがどういうことか、人に問い、語り、人の話を聞くということがどういうことか、私自身、はじめて分かった気がした。それとともに、自分の哲学についての理解も大きく変わった。哲学は、私にとって、かつてのように難解で漠然としたもの——であるがゆえにいっそう魅力的だった——ではなくなった。もっとシンプルで明快なものになった。

しかも、もっと大きな変化があった。「考える」ということを起点として、社会の中にあるいろんな問題が見えてきたのだ。しかもそれは、社会の限られたところにある特別な問題ではない。そこらじゅうにあって、しばしば気づかないくらい私たちの内奥に食い込んでいることだ。それは「考えるって楽しいね！」とか、哲学は好きな人だけやっていればいいのだという、呑気な話ではない。もっともっとまずいことが起きている。

だから今、哲学者のおめでたい勝手な願望ではなく、あえて言うのだ。「哲学は誰にとっても、いつも必要なものだ」と。この入門書では、そうした誰にでも必要な哲学がどのようなものなのか説明していく。そうすることで、私たちがどのような問題を抱え、なぜ哲学が重要なのか、どうすればその問題を乗り越えられるのかということも分かるだろう。

生まれてから死ぬまで

「〜歳からの哲学入門」と聞けば、小学生なら「7歳から」とか、中学生なら「13歳から」というのを想像するだろう。そういう本なら、難解な哲学思想について子どもにも分かるようにやさしく書きましたとか、若いキミに考えてほしい！ということをアピールするにちがいない。

でもこの本は違う。「0歳から」の哲学入門である。あまりにも無謀だ。生まれたばかりでは、哲学どころか、そもそも本が読めないし、言葉も話せないではないか。なのに「0歳から」である。いったい何の冗談なのか。

もちろん生まれたばかりの赤ん坊にこの本を読んでほしいなどと乱暴なことは言わない。実際にこの本が読めるのは、中学生以上だろう。でも、「0歳から」というのは本気である。0歳の赤ん坊は、じゅうぶん哲学に貢献できるからだ。

子どもは生まれた直後から、親だけでなく、大人を哲学的にしてくれる。生命の不思議、命のか弱さと力強さを感じさせてくれる。社会性がまったく欠如した、いや、社会性を超えた存在として、私たちに常識の限界を知らしめてくれる。

圧倒的な弱さとかわいらしさによって、私たちを虜にし、どんなことがあっても守るべきものが何か、無償の愛の可能性がどんなものなのかを教えてくれる。あるいは、放置できない存在として、親に義務と責任の何たるかを問いかけ、厄介な重荷となって、親を精神的にも肉体的にも追い詰める。

そうやって私たちは、幼子からたえず問われ、試され、考えざるをえなくなる。自分という人間について、命の大切さと重苦しさについて、この世の規範と理不尽さについて。そうやって、私たちに問いかけ、哲学的な次元に引き入れてくれるという意味で、哲学は0歳から参加可能なのである。

他方、「～歳まで」と上限を決めている入門書も珍しいだろう。普通「入門書」というのは、何かを始める時に読むもので、だいたいその時期に焦点を当てていて、その後は「いつでもどうぞ」というところか。

しかし本当にいつでもいいかどうかは疑問で、始めるには遅すぎる、というタイミングは、何となくでも考えられているのではないだろうか。そこで「～歳まで」と明記すれば、遅くてもこのころまでには始めてほしい、というメッセージになるだろう。

だから本書が「100歳まで」の哲学入門としているのは、100歳までには哲学を始めてほしい、あるいは100歳までやってほしい、と願っているということだ。文字通り100歳でなくてもいいのだが、いつ始めても遅くはない、生まれてから死ぬまで一生やってほしい、と言いたい。

年をとって物覚えも悪くなり、気力も衰えたのに、難しいことを考えるなんて勘弁してくれ！と思う人もいるだろう。

しかし老いもまた、人を哲学的にしてくれる。命の終わり、人生のはかなさ、むなしさを痛感させてくれる。抗っても確実に病み衰え、次第に社会から疎外され、忘れ去られていく。

増え続ける過去と減り続ける未来の中で、自分の成し遂げたこと、やり残したことを振り返る。最終的に人生を意味づけるのは何か、残すべきものは何か、体が動かなくなり、自分自身さえも忘れて、なお生きる意味は何か。自分が、家族が、社会が問われ、試される――老いたからこそ考えなければならないことがたくさんある。

そうした問いもまた、深い哲学的次元をもっている。しかもそれは、年老いた人たちだけが思い悩むべき問いではない。子どもも若い人も、考えるべき問いである。そういう意味で人は、老いて動けなくなり、まともに話せなくなったとしても、赤ん坊と同じように、哲学に参加できるのである。

思えば、哲学的な問いにまったく突き当たらない年齢など、あるのだろうか。人は生きているかぎり、そういう問いに取り囲まれているのではないか。それをいったい誰が引き受けるのか。誰かに任せておいていいのか。

まずは当の本人が考えなければ、誰も考えてくれない問いがたくさんある。しかもそれはどれも、自分だけで考えるにはあまりにももったいない。どんな年齢の、どんな境遇の人の問いも、哲学的なことを考えさせてくれる。だから、哲学というのは、生きているかぎり、いつでも誰にでも必要であり、始められる――それがこの本のスタンスである。

だが、一生すべての人に必要な哲学とは、どのようなものなのか。

哲学のイメージが変わった？

普通「哲学」というと、むやみやたらと難解なもの、意味が分からないもの、面倒くさいもの、余計なもの、厄介なもの、などなど、おおむね評判がよろしくない。当たり前のことをわざわざややこしく考えるひねくれ者、アマノジャクの所業だと思う人もいる。

好意的に見ても、この世界や人間について深〜い真理を探究するもので、そういうことに興味をもつ一部のスゴイ人、もしくはヘンな人を除けば、ほとんどの人には関係ない。多少の関心はあっても、自ら手を染めようとは思わないだろう。

かつては（そしてたいていは今でも）哲学が好きだとか、哲学を研究していると言えば、相手に困惑や反感を引き起こすか、さもなければ失笑を買うのが関の山だった。間違っても相手に歓迎され、意気投合して仲良くなるなどという展開は、よほど幸運な例を除けばありえない。哲学好きな人には、そういう話ができる友だちなどおらず、一人で悶々としているのが定番だ。

「ねえ、幸福っていったい何だろうね？」とか「おい、存在するってどういうことだと思う？」などと友だちに聞けば、気味悪がられたり、からかわれたりするのがオチだ。クラスで浮くか沈むかして、居場所がなくなる。「カントが『純粋理性批判』の中でさあ……」とか「ニーチェが超人の思想で言おうとしていたのはね……」なんて言おうものなら、後ずさりして離れていく友だちは、一人や二人ではないだろう。

親だったら大丈夫かというと、そんなことはまったくなくて、さらに危険だ。気味悪がられるのを通り越して、本気で心配されるにちがいない。「頭がおかしくなったんじゃないの？」とか「死んだりしないだろうね」とか。「この子は難しいことを考えるのが好きなのね」と喜んでくれるとしたら、親のほうが相当な変わり者である。

結局、どこであろうと、哲学に興味があっても、下手にそれっぽいことは口にしないほうがいい。それが正しい処世術なのである。

そういう人でも、大学で哲学を専攻すれば、あるいは、哲学の授業に出れば、同じような人に出会えるかもしれない。そこで運よく仲間ができれば、哲学の話が思う存分できる。

でもそれは、変人が寄り集まってさらに変になっていく入口だったりする。そして実際、世の人のネガティヴな印象を裏切らない人間になっていく（実際にはかなり普通の人も少なくない）。

結局、世間から見れば、哲学というのは、ごく限られた物好きや変人がやる怪しげな所業にすぎないのだ。

けれどもこの本で取り上げようとする「哲学」は、そうした一般にイメージされる意味不明な話や日常からかけ離れた難解な思想のことではない。そういうのは、引き続きいわゆる哲学好きの輩《やから》に任せておけばいい。

むしろ最近、「哲学」のイメージが変わってきているように思える。「哲学」という名を冠したイベントに興味をもってやってくる人が増えている気がする。

その一部は年配の男性で、かつて大学時代に哲学を学ぶか本を読むかして、退職後にもう一度学んでみようという人だ。そういう人は、分かっても分からなくても、哲学はいいものだと思っている。分かったらうれしいし、分からなかったら「やっぱり難しい！」と喜ぶ。気持ちだけでも青春に戻っているのだろう。

他にも、年齢にかかわらず、いわゆる思想好きな人たちは一定数いる。そういう人たちは、世の中にいろいろと出回っている読みやすい哲学書、入門書を読んでいたりすることが多い。そこから哲学者の著作に手を伸ばしている人もいる。こうしたもともと哲学好きな人がイベントに参加するのは、べつに不思議なことではない。根強いファンがいるのは、哲学を専門とする者にとってもありがたい。

しかし、かつてなら来ていなかったような類の人たちがたくさん参加している。とくに女性が多いのが目立つ。年齢は20代から50代くらいまでだろうか。

彼女たちと話すと、たいてい「哲学って全然分からないんですけど」とか「哲学書なんてまったく読んだことがなくって」と前置きをする。そして口をそろえて「何となく興味があって」とか「何かいいなぁと思って」と続ける。

哲学は元来、こんな無防備に近づいていいものではなかった。もっとハードルが高いものだったはずだ。それを彼女たちは、あっさり乗り越える。

実際、哲学対話のイベントをすると、参加者の大半は、そういった「何となく」の人たちで、いわゆる哲学好きの人や哲学専攻の学生や研究者はむしろ少数派である。

また、学校で子どもたちを相手に哲学対話をすると、「哲学ってムズカシそうだと思ったけど、面白かった！」という感想を言ってくれる。

このように「哲学」そのもののイメージも実際に変わりつつあるようだが、哲学対話は、それだけで哲学のイメージを大きく刷新する可能性を秘めているようだ。

いったい何が変わったのだろうか。おそらくもっとも大きな違いは、かつての哲学はいわゆる「知識」として学ぶもの、つまり「哲学（philosophy）」という一つの専門分野だったのが、昨今では対話において自ら「体験」するもの、いわば「哲学する（philosophize）」になっていることだ。

哲学＝「考えること」の難しさ

「知識」ではない「体験」としての哲学とは、「考えること」そのものを指す。より厳密に言えば、第1章で詳しく述べるように、「問い、考え、語ること」である。そして一人で考える時、私たちは自分に問いかけては答え、それを繰り返す。つまり思考とは自分自身との「対話」なのだ。そして対話であれば、語る相手、つまり「聞く」人がいる。一人で考えている時、この聞き手は自分自身であるが、それは潜在的には他者である。

したがって「考えること」は、他の人との対話、「共に問い、考え、語り、聞くこと」であると言える。哲学とは、このようにごくありふれた、きわめて人間的な営みである。それは簡潔に「共に生きること」と言い換えてもいいだろう。互いに「問い、考え、語り、聞く」こと――そのような共に考える営みとしての哲学は、人が生まれた直後から始まり、まさに人と人が共に生きていくことそのものなのである。

なあんだ、そんな当たり前のことか。だったら、わざわざ「哲学」なんて呼んで、もったいぶることなんてないじゃないか、と思う人もいるだろう。しかし、生きるうえで必要なことなら何についてでも言えることだが、何もしなくてもただ自然に任せておけばできるようになるわけではない。「考えること」も、それなりの環境の中で身につけ、いろんな経験を経て上達していく。

言葉だって、まずは親や周囲の人とのやり取りを通して学ぶ。人前で堂々と話すとか、面白い話をするとか、分かりやすく話すとか、誰でもはじめからできるわけではなく、それなりの訓練や経験が必要だ。そういう機会に恵まれなければ、大人になっても大してできなかったりする。「考えること」も同じである。

「哲学」というと、普段の生活から切り離された、多くの人には縁遠いものに思われるが、「考えること」そのものとしての哲学は、ごく当たり前の身近なところから始まっている。

ところが、この「考えること」は、一見当たり前のようでいて、実はそうではない。日常生活の中では、ほとんどできないと言っていいほど難しい。むしろそれができないこと、「考えないこと」が当たり前となっていて、そうだとは自覚されていないのだ。

いやいや、「考える」なんていうことは、誰しもいろんなところで学び、身につけているのではないか。家庭で、学校で、会社で、私たちは「よく考えなさい！」と言われる。私たちはたえず考えているのではないか。

しかしいざ「考えて！」と言われても、何をどうやって考えればいいのか。しばしば「頭を使って考えろ！」と言われるが、頭をどうやって使えば考えられるのか、どのように考えたらいいのか、その方法をいったい誰がいつ、教えてくれるのか。

ところが驚くべきことに、私たちが「考える」ということを学ぶ機会は、人生においてほとんどない。家庭でも、学校でも、会社でも、「考える」という、人間にとってきわめて大切で、誰にでも必要なことを、私たちは学ばないのである。

何事であれ、学ぶためには、「やり方」を知らなければいけない。さらに、「習うより慣れろ」と言われるように、とにかくたくさんやってみなければいけない。だが「考える」ことに関しては、いずれのチャンスも私たちには与えられていない。

学校のことを思い出してほしい。私たちが教わるのは、個々の場面で必要なルールを身につけ、その中で決められたことに適切な答えを出すことだけである。いろいろやってみるというより、決まったことを繰り返す。それは「考えること」とは違う。少なくともここで言う「問い、考え、語り、聞く」という、対話的な意味での「考えること」ではない。

そこに自己との対話はなく、まして他者との対話など望むべくもない。ただ出された指示に従うこと、教えられたことを教えられた通りに行うことが重視される。それに習熟することで、「よく考えなさい！」と言われた時に期待されている「正解」が出せるのだ。

それはむしろ「考えること」とは反対のこと、「考えないようにすること」ですらある。「考えること」が「共に考えること」であり、「共に生きること」だとすれば、どう考えればいいかを学ばず、ただ考えないようにさせられているということは、この世で生きるうえで必要な、何かとても大切なものを犠牲にしているか、失っていることにならないだろうか。

「考えること」と「自由になること」

その大切なものとは「自由」である。私たちは考えることによってはじめて自由になれる。

考えることは、自分を縛りつけるさまざまな制約から自らを解き放つことである。

世の中のルール、家庭や学校、会社での人間関係、常識や慣習、自分自身の思い込み、さまざまな恐れや怒り、こだわりから、ほんの少しであっても距離をとることができる。それが私たちの生に自由の余地を与える。私たちが考えるのは、考えなければならないのは、私たちにとってもっとも大切な自由を得るためである。

考えるなんて、いつもやっている、自分はじゅうぶん自由だという人もいるだろう。牢獄につながれていても、思考だけは自由だ。そんな考え方もある。あるいは哲学好きな人であれば、人間にはそもそも自由なんてないんだ、それは幻想なんだ、という人もいるだろう。しょせん理想にすぎないという人もいるだろう。

だが、私がここで言いたいのは、そういう当たり前のことでもなければ、幻想や理想に追いやってしまえるようなものでもない。きわめて具体的で身近な問題であって、まさしくすべての人に、子どもにも大人にも、人生の最初から人生の最後まで関わることである。

私が「考えること」を通して手に入れる自由を強調するのは、現実の生活の中では、そうした自由がほとんど許容されていないからであり、しかもそれは、まさに考えることを許さない、考えないように仕向ける力が世の中のいたるところに働いているからである。だから、自由になるためには、「考えること」としての哲学が必要なのである。

そんなことができるのかと思うかもしれない。たしかにただやみくもに考えればいいわけではない。一人だけで頑張っても、途中で力尽きるだけだろう。しかし、共に考える「対話」としての哲学には、それが可能なのである。しかもそこでは、一人で勝手に自由になるのではなく、他の人といっしょに自由になることができるのだ。

これで本書のテーマ「生まれてから死ぬまで、いつでも誰にでも必要な哲学」を始める準備が整った。このあと第1章では、哲学対話で言われる哲学がどのようなものか、その特徴について述べ、対話のルールの意味を説明する。第2章では、このような哲学の存在意義として、先に述べた「自由」についてより詳しく説明し、「他者と共に自由と責任を取り戻す」という目的を提示しよう。続いて第3章では、哲学対話について、「問うことと考えること」「考えることと語ること」「語ることと聞くこと」に分けて述べていく。第4章では、哲学対話の場の作り方、ファシリテーションの仕方と注意点を具体的に説明するので、自分でも「哲学すること」を実践してみてほしい。

考えるとはどういうことか／目次

イラスト　坂木浩子（ぽるか）
DTP　美創

第1章

哲学対話の哲学

哲学対話で言われる「哲学」は、通常イメージされるいわゆる「哲学」や、専門的な研究対象となる「哲学」とは、かなり違っている。だから、哲学対話に関心をもつ人たちは、いわゆる「哲学」を敬遠し、逆にいわゆる「哲学」が好きな人、研究者は、哲学対話を否定しがちである。

たしかに両者は相容れないところがあり、実際これら二つの「哲学」に関わる人たちは、一部を除いてあまり重なっていない。他方で、「そもそも哲学って何だろう?」と考えていくと、根底においては、相通じるところが見えてくる。

そこでまず「哲学対話」とはどのようなものか、何を重視するのか、どのように行うのかなど、「哲学対話の哲学」とでもいうべきものを述べ、いわゆる「哲学」との違いを明らかにしていこう。

また、哲学対話を体験すると、日々の生活や世の中に潜んでいるさまざまな問題が浮き彫りになってくる。さらに自由に問い、考え、語ることがいかに難しいか、それがいかに抑圧されているかが分かってくる。そして、哲学対話がどのようなものかを知ることで、どうすれば自由に考えられるようになるのか、その結果、何を手に入れられるのかも明らかになる。

1　哲学対話とはどのようなものか？

「子どものため」は「みんなのため」

哲学を「対話」という形で行う試みは、学校で子どもたちの思考力を育てるための方法として始まった。だから哲学対話は、一般には「子どものための哲学（Philosophy for Children：P4Cと略される）」のスタイルとして知られている。かつては欧米でも、日本と同じように、哲学はややこしくて難しく〝高尚な〟ものだった。だから、高校までに他のことをしっかり身につけたうえで、大学に入ってから学ぶべきものだと思われていた。

ただ欧米では、日本とは違って、哲学が役に立つかどうかも分からない、ただの教養としてではなく、あらゆる知的営為――学問のみならずビジネスにおいても――の基礎を作るものとされている。だから、「哲学って面白いよね」とか「哲学を勉強してます」と言っても、日本ほど奇異な印象は与えない。それどころか、場合によっては、ある程度リスペクトしてもらうことも期待できる。

欧米の社会では、もともと自分の考えや意見をもつことが許容されているし、求められもする。考えることにも議論することにも慣れているし、自分の意見をしっかり主張する。だから、

「考えること」そのものを専門にする哲学も、認知されているのだろう。

他方で、欧米の人たちも、意外に素朴であったり、固定観念にとらわれていたりして、結局は多くの人が似たような考え方をしている。彼らがよく考えているからといって、自由にものを考えているとは、かならずしも言えないのである。

それに議論と自己主張は、その気になれば、屁理屈とレトリックでも立派にこなせる。頭がよくても、ただ口が達者で他人のあら捜しをするのが得意なだけの人もいる。悪知恵ばかり働く輩もいる。思考力があっても、自分を正当化するための道具や、悪事を行うための狡猾《こうかつ》さになってしまっては意味がない。

思考は、論理的で一貫性がないといけない。だがそれだけではなく、他人や物事に対してのみならず、自分自身に対しても批判的・反省的でなければならない。柔軟で自由でなければならず、バランスや公平さも必要である。

もしそうした広い意味での思考力を育てるのが哲学の役目の一つだとしたら、大学に入ってから教わるのでは遅すぎるのではないか。もっと早く、小中学校から始めたほうがいいのではないか。

というわけで、70年代のアメリカで、子どもから学べる哲学の教材と方法が考案された。その核心は、「哲学」と呼ばれる分野の知識を理解して習得することではなく、考えることを

〝身をもって〟学ぶことである。それには「対話」という形がふさわしい。そこで生徒たちは、互いに意見や疑問を出し合い、いっしょに考える力を磨いていく。

現在こうした対話型の哲学教育は、欧米をはじめ世界各地に広がっている。国によっても、どういう学校かによっても、重視していること、目的としていることはいろいろであるが、たんに思考力や判断力など知的能力の育成だけを目指しているのではない。

それと同時に、自ら考えて判断する主体性と責任感、自分の考えを言葉で表現し、他者の意見を聞くコミュニケーション能力、お互いに共感し、相手を尊重し、自分と他者の違いを受け止める寛容さなど、さまざまな資質を育もうとしている。

もちろんあらゆる教育がそうであるように、これはうまくいった場合の話である。対話だけやっていればいいというわけでもないし、対話をすればかならずこうなるというものでもない。けれども、対話を学びの基礎ないし中心に置くと、このように知的なだけではない、バランスのとれた広い意味での思考力（以上のもの）が育つ土壌を作ることができる。

こんなことを書くと、「それは素晴らしい！　学校教育の中にどんどん取り入れましょう！」と大歓迎する人もいれば、「そんなにうまくいくのか？」と懐疑的な人もいるだろう。現行の学校制度において、哲学対話が現実にどのような可能性をもっているのか、ここでとくに書くつもりはない。

むしろ重要なのは、こうした広い意味での思考力は、子どもだけに必要なわけでも、子どもだけができないわけでもない、ということだ。大人でもできない人はたくさんいるし、誰もがつねにできるというものでもない。

それどころか、「考えること」は、この本で繰り返し述べるように、大人に至るまで、それどころか死ぬまで、ほとんど学ぶ場がない。そういう意味では、このような対話を軸とする「子どものための哲学」は子どものためだけではなく、大人のためでもあり、もっと言えば、「みんなのための哲学（Philosophy for Everyone）」なのだ。実際、哲学対話の実践者は、子どもとだけではなく、学校でだけでもなく、大人とも、学校以外のいろんなところで対話を行っている。

考える体験としての対話

私自身、数年前から、哲学対話に限らず、子どもを相手に哲学を教える機会が増えている。そのさい私が心がけているのは、哲学の思想や概念などの知識を伝えることではなく、彼ら自身が哲学的に考えること、言い換えれば、哲学を「体験」することである。そこでとくに中高生に対しては、簡潔に「哲学とは問い、考え、語ることです」と説明している。

私たちは、「問う」ことではじめて「考える」ことを開始する。思考は疑問によって動き出すのだ。だが、ただ頭の中でグルグル考えていても、ぼんやりした想念が浮かんでは消えるだけである。だから「語る」ことが必要になる。きちんと言葉にして語ることで、考えていることが明確になる。そしてさらに問い、考え、語る。これを繰り返すと、思考は哲学的になっていく。

それで小学校では、この「問う」をもっと強調して、「分からないことを増やそう」と言っている。学校をはじめ、世の中では、いろんなことを学んで分かることを増やし、分からないことを減らすのがいいとされる。哲学はその真逆である。分からないことがたくさんあれば、それだけ問うこと、考えることが増える。だから、どんどん分からなくなるのがいい、というのが哲学なのだ。

最近は、学校だけでなく、セミナーやワークショップ、地域コミュニティなどで、社会人、主婦、教員など、一般の人たちの前でも哲学の話をすることが増えたが、そのさいもこの二つの定義、「問い、考え、語ること」「分からないことを増やすこと」が、いちばん納得してもらえる。

さて、このような「問い、考え、語ること」という意味での哲学もまた、一般の哲学と同様、自問自答しながら「自己との対話」を通して一人で行うこともできる。だが、それはしばしば、孤独でつらい作業である。そういうことが好きだという、いわゆる哲学者気質の人種もいる。

沈思黙考、物思いにふけるのに快感を覚える、そうせずにはいられない〝思考中毒〟の人間もいる。

とはいえ、そんなのは少数派の変人である。むしろ多くの人にとって、一人で考えるのは、面倒くさいことだろう。自分に語りかけていても、途中で行き詰まり、堂々巡りするだけで埒が明かない。退屈だ。だからやる気になれない。考えるなんて嫌いだ。

ところが、他の人といっしょにやると、考えるのは楽しい。他の人と話し、語りかけ、応答してもらえればうれしい。嫌にならずに続けられる。しかもそうすれば、思考はより深く、豊かになる。だからそのような「考える体験」としての哲学は、他者との「対話」という形をとる。つまり哲学とは、「問い、考え、語り、聞くこと」なのである。

いろんな人と話す

素人がおしゃべりしていろいろ考えたからといって、それが哲学になるのか、そこで考えていることには、哲学的な深みも厳密さもないんじゃないか、と思う人もいるだろう（とくに哲学研究者や哲学好きな人）。たしかに一人一人は、大したことを考えられるわけではないだろう。

しかし、参加者がどれほど知的か、思慮深いか、学歴が高いかといった資質は、対話が哲学的になるかどうかに、ほとんど関係がない。哲学の知識があるかどうかも、さほど重要ではない。大事なのは、対話に参加する人の多様性である。いろんな人がいることで、一人では思いつかない側面が見えてきたり、自分が知らず知らずのうちに前提にしていることが明らかになったりして、今一度根本から考え直さないといけなくなる。

一般には、同じような境遇の人――同じ専門、職業、世代、性別、地域の人――どうしで議論したほうが、話が深まるとかレベルの高い話ができると思われがちだが、哲学的な視点から見ると、そうではない。

同類の人たちで行う対話は、緻密かもしれないが、全体としては退屈なことが多い。価値観が似ていて、基本的な前提を問い直すことがないため、大枠では意見が一致しやすいからだ。問題になるのは細かい違いだけで、それが大事なこともあるが、冷静に考えるとどうでもいいことも多い。いずれにせよ、根本的なことは問われない。これは哲学を専門とする人でも変わらない。

他方、いろんな立場の人たちが集まっていっしょに考えると、それぞれが普段自分では問わなかったこと、当たり前のように思っていたことをおのずと問い、考えるようになる。前提を問う、自明なことをあらためて考える――それはまさしく哲学的な「体験」だろう。

誰がどのような体験をするのか、どんなことに気づき、何を問い直すのか、どのような意味で新しい見方に出会うのかは、その場にいる人によっても違う。ある人は、その人にしか当てはまらない個人的なことに気づくかもしれない。あるいは、誰もが目を開かれるような深い洞察に、参加者みんなで至るかもしれない。

その内容は、哲学という専門分野から見ても、興味深いものになっているかもしれないが、初歩的なところにとどまっていたり、粗雑な議論になっていたりするのかもしれない。哲学の専門家や哲学好きな人は、話のレベルの高さや低さに一喜一憂するかもしれないが、それは専門家の勝手な趣味であって、私自身はあまり気にしていない。

そもそも議論の質が哲学的かどうかを判定するのは、思考力の鍛練のような特定の目標でもないかぎり、かえって哲学対話の広がりや可能性を狭めかねない。各々にとって、その対話で〝当たり前〟を疑い、自分の考えや物の見方を深めたり広めたりできているのであれば、それはやはり「体験」としては哲学的なのだ。

体験が個人的であり、主観的であるなら、哲学的かどうかも個人的、主観的な問題であるはずだし、そうであっていい。それをその場にいるみんなで共有する。いろんな人がいれば、それだけ問いも考えも多様になり、深まり、広がりやすくなる。

いろんな人がいたほうがいいということは、実際に対話をする時は、人数がある程度は多いほうがいいということでもある。だから哲学対話の適正人数は10〜15人前後になる。

ワークショップをやっている人から、この人数は多すぎるのではないか、と言われることがある。ワークショップやワールドカフェ、あるいは学校でグループワークをする時は、1グループあたり4～5人であることが多いようだ。みんなが意見を言いやすいようにするためだという。

たしかにそのほうが、大人数の前で話をするより、発言はしやすいかもしれない。とくに人前で話をするのが苦手な人はそうだろう。しかし人数が少なければそのぶん、いろんな意見は出にくくなる。

参加者の多様性は、対話が哲学的になるために非常に重要である。だからいろんな立場の人がいたほうがいいだけでなく、同じ境遇の人が多かったとしても、それなりに人数がいたほうがいい。

輪になって座る

哲学対話は、輪になって行う。できれば机はなしにして、椅子だけがいい（床に座ってもいい）。机があると、人はそれだけで話さなくなる。そんなバカな！と思うかもしれないが、本当にそうなる。

多くの人は机の前に座ると、人の話を聞いてメモをとるような受け身の態勢になる。机は対話を妨げる〝壁〟だ。机があると、いわばその陰に隠れて、話から退避することができてしまう。

反対に、机をなくして輪になっていると、ある意味で逃げ場がなくなって緊張するが、他方では、その場にいる人に対してオープンになる。話に参加しやすくなり（せざるをえなくなり）、人の話も集中して聞けるようになる。

また何より、輪になることは、参加者どうしが対等であることを明確な形で示してくれる。教室では、先生が前に立って、生徒は縦横の列に並んで前を向いて座っている。これは先生が話す人、生徒は聞く人であり、生徒どうしは話してはならないということである。おまけに机があるから、それだけで「黙って聞いていなさい」というメッセージになる。そのような教室では、お互いに対等に話をしようと思っても不可能である。

会社や地域コミュニティの会合でも、大して事情は変わらない。机と椅子が、四角ないし楕円状に並んでいれば、お互い向き合っているし、輪になって座るのに近いと思うかもしれないが、実はまったく違う。

四角や楕円だと、部屋の構造や座る人の位置で、前と後ろが決まる。そうすると誰が話し、誰が聞くのかも決まってくる。前にいる人が仕切り、横前方にいる人が〝合の手〟を入れる。後ろの端っこの人は、来ないと文句を言われそうだから来ているだけで、話には参加しないのが普通である。

他方、円というのは、前も後ろも横もない。全員の顔が見えている。だから話す人と聞く人という役割分担はなく、すべての人が話し、聞く人となる。

実際、私自身経験したことだが、教室や会議室でも、机を取っ払って椅子だけで輪になって話をすると、普段ならけっして発言しないような人が雄弁に語ったりする。いつも会合を仕切ってしゃべってばかりいる人があまり話さなくなり、逆に聞くようになる。

授業や会議は、意図しているか否かにかかわらず、机や椅子の配置、部屋の構造ですでに、誰が発言力をもち、誰がもたないかが決まり、自由に対等な立場で話すのを妨げている。そのような場で「自由に何でも言ってください」と言っても無理なのだ。

また円の形も重要である。輪になって座る時は、できるだけきれいな円を作るのがいい。楕円やひょうたん形みたいになるのはよくない。円からはみ出したところに座っている人は、対話からも一歩引いて参加度が低くなりやすい。

さらに椅子と椅子の隙間は、できるだけ詰めて、隣と接触するくらいがいい。そうすると、対話のいわば〝密度〟が高くなる。お互いの連帯感が強まり、その場の思考の中にみんなでいっしょに入り込んでいくことができる。

反対に隙間をあけてスカスカにすると、思考のエネルギーがもれて、密度が低くなる感じがする。オカルトじみた怪しげな話をしていると思うかもしれないが、実際にやってみれば、実感できるだろう。

体で感じる哲学

私はいつのころからか、自分がものを考えている時の身体感覚に敏感になった。思考が深まる時、広がる時、行き詰まる時、それぞれ特有の感覚がある。こっちに行ったほうがいいとか、この方向で考えても仕方ないとかいう予感まで何となく体で感じる。

以来私は、哲学は体育会系の学問だと思っている。すなわち、知的というより、身体的な活動であって、何をもって「哲学的」と言うのかは、スポーツと同じで、実際に自分で経験してみて、体で感じるしかないのだ。哲学対話をやるようになって、その確信はいっそう強まった。

先に書いたように、対話においては、他の人との位置関係、机の有無、相手との距離、さらには、自分や他の人の姿勢、息づかい、眼差し、表情も思考の質と連動している。だから、対話が哲学的になった瞬間は、感覚的に分かる。全身がざわつく感じ、ふっと体が軽くなった感じ、床が抜けて宙に浮いたような感覚、目の前が一瞬開けて体がのびやかになる解放感、などなど。

人によっても違うし、深まったのか広がったのか、思考の質的な違いもあるだろう。ずっしり重く感じる人もいれば、モヤモヤしたある種の不快感を覚える人もいるだろう。だがそれでも、どこかに気持ちよさがある。人それぞれかもしれないが、哲学対話には、やはり普段は味わえない特殊な感覚があるように思う。

しかもこれは、輪になって座っている人たちがいっしょに感じているような印象がある。もちろん同時に同じものを感じているとは限らないし、そんなことは確認しようがない。それでも、その人たちとその場でいっしょに考えていなければ、そもそもそのような感覚をもちえないのは事実である。そういう意味で、いっしょに感じている、と言うことができる。

このような〝哲学的感覚〟を経験するのに、哲学の知識は必要ない。あれば助けになることもあるが、かえって妨げになるような気もする。知識としての哲学には、体験の次元がさほどなくて、ただたんに概念間のつじつま合わせに終始していても、どこに何が書いてあるかを言い争っているだけでも、よく分からない難しい言葉を使って「オレって難しいこと言えるんだぜ」的に悦に入っているだけでも、「哲学」だと言えてしまう。

哲学の知識を使っているから哲学的になるのだと思い、感覚のほうに意識を向けなくなるなら、知識はかえってないほうがいいかもしれない。私自身は、哲学の知識を使うかどうかよりも、感覚的に哲学的かどうかのほうが重要だと思っている。

哲学的であることが体の感覚で分かるということは、「体験」としての哲学というものが、知識として成立するずっと手前にあるということだ。人生のどこかで哲学的な問いに目覚め、知識としての哲学を求める人も、そこに向かわなかった人も、そもそも哲学に出会わなかった人も、もともとどこかでそういう感覚を味わったことがあるにちがいない。だからこそ、「対話」という形で哲学を体験した時に、多くの人が何か特別な経験をした感じがするのではないか。

そうした哲学の体験は個人的であり、主観的である。とはいえ、他者と共有できないわけではない。個人的であると同時に、体験としていっしょに感じている文字通りの「共感」が起きる。だから哲学対話は、共同で思考の深みと広がりを感じる哲学なのである。

対話は終わった後に始まる

対話の時間は、思いのほか短く感じる。1時間くらいはあっという間に過ぎる。だから、とくにはじめて参加した人は、もっと続けたかったと言う。

しかし、哲学対話を主催する人の多くは、思う存分やればいいとは考えない。長すぎず、決めた時間より延長せず、物足りないくらいがちょうどいい。だから終わるとモヤモヤする。いろんな立場、考え方に出会ったせいで、自分の考えが揺らぎ、頭が混乱するのだ。

対話そのものは、目の前が開けるようなことがなくても、奥深さがなくてもいい。イマイチならイマイチで、欲求不満が残るなら、それも悪くはない。おかげで消化不良、疑問がいっぱい残る。それが考える力、考えたいという気持ちをくれる。モヤモヤはその証だ。それを哲学対話では「おみやげ」と呼ぶ。問いをもち帰り、後で楽しむ。

だから、重要なのはむしろ、対話が終わった後である。本当の対話は、そこから始まる。家に帰って家族と、次の日に友だちと話をする。そして一人になった時、自分自身と対話する。それはその日の夜かもしれないし、数ヵ月たって、ふとした拍子に思い出した時かもしれない。

その時は、一人であって一人ではない。すでに対話を通して、自問自答する相手が豊かになっている。いわば自分の中の他者が増えている。いろんな考え方ができるようになって、普段の考える力＝問う力も増している。

最近、哲学対話への関心が高まるにつれて、そのプロセスや効果を実証的に示そうとする動きが出てきている。そのような試みも、できることは何でもやればいい。とはいえ、対話の場面だけを取り上げて、話した内容を分析したり、何らかの側面を数値化したりしても、分かることは哲学対話のほんの一部にすぎない。

哲学対話においては、話の内容だけでなく、参加者の姿勢や表情も重要である。発言が多ければいいというものではなく、沈黙にも大きな価値がある。それは、静かに考えている時間という積極的な意味をもっている。沈黙が続いている時は、みんなが考えながら、その場を共有していることをいっしょに実感する。黙って聞いているだけの人が、たくさんしゃべっていた人よりも、ずっと深くいろんなことを考えていることもある。

それに前述したように、哲学対話で重要なのは、むしろ終わった後である。そのことを示すエピソードがある――私がはじめて行った対話イベントの後10日以上たって、その間に考えていたことをメールに書いて送ってきてくれた女性がいた。そこには対話の時には聞くことのできなかった、深く成熟した思索が綴られていた。

また、母をテーマにして行ったワークショップに参加したお母さんが、その後子育てについての考えが大きく変わり、試行錯誤を重ねるうちに自分でも哲学対話の場を作りたいと思い、2年（！）たって相談に来てくれた。

どちらの人も、対話が終わった後いろいろと考えて、自分自身が取り組むべき問いに出会っていた。彼女たちの中で、対話はずっと続いていたのである。

対話の意義は、対話の場だけで汲み尽くせるものではないし、まして数値で測れるものでもない。対話の影響は、参加した人のその後の生活、人生全体に及ぶこともある。それは、哲学対話が「考える」という誰にとっても必要で切実な営みを、その深みと広がりを、まさに身をもって「体験」させてくれるからであろう。

2 哲学対話のルール

ルールが対話を哲学的にする

ただ人が寄り集まって、輪になっておしゃべりを始めれば、対話が哲学的になるわけではない。人と話をすれば、いろいろと気づくことも考えることもあるだろうが、それがどの程度「哲学的」なのかは一概に言えない。

哲学対話がどんなものなのか言葉で説明しても、他の似たものと区別がしにくい。実際、「ワークショップと似てるね」とか「そういう話し合いって最近あるよね」と言われることもある。

それどころか、その場にいても近くで見ているだけでは（学校に行ってやると、先生たちは輪の中に入りたがらず、そばで見ていることが多い）、どこが特別なのか分からないようだ。他の類似のものとの違いが分かったとしても、哲学対話については「まとまりがない」「生産的じゃない」「活発じゃない」といったネガティヴな感想が多い。

また、哲学対話は普通にイメージされるいわゆる〝哲学〟とはかなり趣が違うので、実際に体験した人でも、なぜこれが「哲学」だと言えるのかは、きちんと説明しないと分からないだろう。

とはいえ哲学対話は、自分で身をもって体験すると、一般の話し合いや討論会、ワークショップのような一見似ているものとは、質的にはかなりはっきり区別できる。その違いを生み出し、対話を哲学的にするのは、そのルールである。ただしそれは、哲学対話を実践する人によっても、目的や場所によっても、多少異なる。

論理的な整合性、前提の吟味、議論の深まりや積み重なりなど、知的な質を重視する場合は、筋道立てて話すこと、前の意見を受けてそれにきちんとつなげて話すことなどが求められる。そのために、ファシリテーターと呼ばれる進行役がしっかりその任を果たし、議論の整理をしたり、複数の意見の関係を聞いたり、参加者に率先して質問したりして、思考を促す。

しかし私は、参加者それぞれの気づきや、その場の思考の自発的な深まりや自由な展開を大事にしたいので、議論の厳密さ、整合性はあまり気にしない。また進行役をする時も、できるだけ対話に介入せず、参加者の一人になるように努める。

このように一口に哲学対話と言っても、何に重点を置くか、何のために対話をするのかで、ルールも進行の仕方も違ってくるので、一般論としてどのようなスタイルがいいのかは言えない。ここでは私がいつも掲げているルールをあげておこう。

①何を言ってもいい。
②人の言うことに対して否定的な態度をとらない。
③発言せず、ただ聞いているだけでもいい。
④お互いに問いかけるようにする。
⑤知識ではなく、自分の経験にそくして話す。
⑥話がまとまらなくてもいい。
⑦意見が変わってもいい。
⑧分からなくなってもいい。

これら八つの対話のルールのうちのいくつかは、他の話し合いやワークショップなどにもあるだろうし、はじめて見るものもあるだろう。だが、表面的に似ているように見えても、内実はかなり違っていて、これらが全体として対話を哲学的な探究に変える。そこで以下、このルールの意味について説明しながら、哲学対話の特徴を詳しく見ていこう。

何を言ってもいい場はない

私が哲学対話でもっとも大切だと思っているのは、「自由に考えること」である。そうすることでこそ、対話は哲学的になると信じている。このことに比べれば、思考が論理的かどうか、首尾一貫しているかどうかなどは、さほど問題ではない。それは時に思考の幅を狭めてしまう。

ではどうすれば、思考は自由になるのか。

先に述べたように、哲学とは「問い、考え、語り、聞くこと」であるが、このうちとくに「問う」と「語る」からいかにして制約を取り払うかが重要である。私たちは自由に問い、語ることによって、はじめて自由に考えられるようになる。先の八つのルールは、すべてそのためにあると言っても過言ではない。

そこで最初のルールが、①の「何を言ってもいい」である。私たちは、何でも言っていいところでしか、自由にものを考えることはできない。

自由に考えるために特殊なルールに従わないといけないのは、矛盾していると思うかもしれない。しかし、日常生活の中で、私たちが何を言ってもいい場というのは、まったくと言っていいほど存在しない。

もちろん何でもかんでも言いたい放題言っていいわけではない。そんなことをしていたら、世の中はメチャクチャになる――その場にふさわしいことを言う。発言には節度が必要で、言いたいことをむやみやたらに言ったりしない。話題にしろ言葉づかいにしろ、言うべきでないことはわきまえておかねばならない――程度の差こそあれ、これは社会の基本的なルールであり、それができるようになることが、社会性を身につけるということでもある。

だがそれでも、何を言ってもいい自由がないという事実には変わりない。世の中には、普通の状態では、自由にものを言えなくさせる力がいたるところで働いている。だから「何を言ってもいい」をはじめとする前述のような特殊なルールがなければ、そうした力を排除できず、考えるさいの自由は手に入れられないのだ。

私たちは普段発言する時、たえずいろんなことを気にかけている。こんなことはつまらないんじゃないのか？　みんな知ってるんじゃないのか？　こんなことを言って笑われないだろうか？　変だとか、冷たいとか、非常識だとか思われないだろうか？

「そんなの違うよ」「何言ってんの？」「バカじゃない？」――そうやって、自分の言うことが受け止めてもらえないんじゃないか？　否定されるんじゃないか？　みっともない思いをするんじゃないか？――そういう不安、心配、恐怖、羞恥心から、私たちは言いたいことを言えずにいる。

頭のいい人は、もの知らずとかバカとか思われそうなことは、絶対に言わないようにする。善良な人は、人格を疑われるようなことは言わない。つねにいい自分を演じる。こういう「出来のいい」人たちは、「すごいね」「えらいね」と言ってもらうことがアイデンティティになっているので、そこから外れるのは、絶対に嫌なのだ。

では出来の悪い人、性格の悪い人なら、何でも言えるかというと、もちろんそんなことはない。そういう人は、小さいころから「何を言ってるんだ」「そんなの関係ない」「黙ってなさい」などと、言葉を封じられてきた。そうやって無視され、軽んじられ、貶められ、傷つけられてきた。時に肉体的に。だから遅かれ早かれ思うのだ。「何も言わないに越したことはない」と。

逆に、何か言う時には、相手の応答など求めない——自分の言葉を受け止めてもらっていないのだから——暴力的な叫びとなる。「うるせえ！」「知るか！」「バカヤロー！」

強気で何でも言いたいことを言っているように見える人ですら、実はそうではない。強気な人は、弱気なところを見せられない。そんなことをすれば、「あれ？　何だあいつ？」「どうしたんだろう？」と思われる。いつもふざけている人が、真面目なことを言うのも難しいだろう。逆に真面目な人は、くだらないことを言えない。どちらも不審に思われたり、周りを困惑させたりするだろう。

関西人の場合は、笑いを取らねば！というプレッシャーが強い。話にはオチがないといけない。ボケかツッコミか、どっちかできないといけない。それができない人は、不用意に話してはいけない。

このようにどんな人でも、その人らしさ、普段演じている役割、自己イメージからズレることは、怖くて、恥ずかしくて、できないのだ。

ネガティヴな理由ばかりではない。思いやりや同情の気持ちから、言いたいことを言わないこともある。「オレって要領悪いんだよね」とか「私って料理下手だから」と言われ、本当にそうだと思っても、「そうだね」とは言わない。「そんなことないよ」とか「たまにはそういうこともあるよ」と言うだろう。

心配をかけたくないから、言わないこともある。一人暮らしをしていて親から「元気でやってる?」と聞かれれば、いろいろ大変なことがあったり、体調を崩したりしていても、「うん、元気でやってるよ」と答えるだろう。

他にも、分かってくれるだろうという期待、偉い人がすることだからという敬意など、言いたいことを言わずにおく理由はいくらでもある。仲がいいから何でも言えるわけではない。「親しき仲にも礼儀あり」、親しいからこそ、親子だからこそ、夫婦だからこそ、親友だからこそ言えないこと、言ってはいけないこともある。

このように世の中には、公共の場でも個人的な人間関係においても、何でも言っていい場など、まったくと言っていいほどない。このことは、世界中どこの国でも、多かれ少なかれ当てはまるだろう。人間の社会とはそういうものなのだ。

けれども日本の場合、それだけではなく、言いたいことを制限するのがむしろ必要なこと、望ましいこととして位置づけられている場がある。それは学校である。

語る自由を奪う教育

自由に考えるためには「何を言ってもいい」ということが必要なのだが、この原則からすると、学校は正反対の場所である。そもそも学校では言うべきことが決まっている。それは「正しいこと」「よいこと」「先生の意に沿うこと」である（正確に言えば、「正しいとされていること」「よいとされていること」「先生の意に沿うとされていること」である）。

それ以外は言ってはならない。間違ったことを言えば「違う」と否定され、悪いことを言えば「そんなことを言ってはいけない」と諭《さと》され、先生の意に沿わないことを言えば怒られるか嫌われる。そうやって言っていいことと悪いことの線引きがなされている。

もちろん厳しい先生もいれば、やさしい先生もいるが、そういう線引きがあることじたいは変わらない。そして生徒たちは、自分が肯定されたり否定されたり、他の人がほめられたりけなされたりするのを見て、いつどんなことを言っていいのかいけないのかを身につけていく。そうすると先生のほうも、いちいちダメ出しをしなくてよくなる。それが〝いい生徒〟になるということであり、そういう生徒が多ければ、〝いい学校〟と言われる。

たしかになかには、教師に反発して、言いたい放題の生徒もいるだろう。いつまでたっても言うべきことが分からない、物分かりの悪い生徒もいるだろう。

けれども、いずれにせよ、「正しいこと、よいこと、先生の意に沿うことしか言ってはならない」ということ、何が正しく、何がよく、何が先生の意に沿うかという基準があることじたいは――その基準はかならずしも明確ではなく、つねに一定しているわけでもないが――けっして変わらない。反抗的な生徒でも、そうした基準を受け入れたうえで反発しているだけだ。

こうして生徒たちは、特定の基準にそくして評価され、選別され、序列化され、場合によっては周縁に追いやられ、果ては排除される。まずは教師によって、やがては生徒どうしでもそうした位置づけをお互いにするようになる――「あいつ頭悪いよな」「あの子ヤバくない？」「あいつってホントKYだよね」と。学校というのは、どんなに乱れていようと、こうした選別と序列化と排除によって、秩序を維持し更新するところである。

このようにして私たちは、「正しいこと」「よいこと」「先生の意に沿うこと」を言うように教育される。それがどれだけできるかによって、居場所が決められる。同じことは社会に出てからも続く。「先生の意に沿うこと」が「上司の意に沿うこと」に変わるだけだ。

上司から「何でもいいから意見を言え」と言われ、思ったことを言ったら、「何を言ってるんだ！」とか「そんなことしか言えんのか！」と怒られたなんていう経験は、珍しくないだろう。怒られなくても、「うーん」と何となく却下されたり、「なるほど」と軽く流されたりする。

だから何か聞かれても、上司が言ってほしそうなことを察して、それっぽいことを言ってやりすごせばいい。やっていることは、学校と大差ないのだ。

家庭でも学校でも会社でも、私たちはその場にふさわしいこと、許容されそうなことだけを言う。そうでないことを言うのは、明に暗に禁じられてきたか、自ら控えてきたかだろう。TPOをわきまえる、空気を読むという、世間的には〝大事〟とされることも、結局は同じことだ。「言いたいことを言わない」のは、しつけと教育の見事な成果である。その意味で家庭も学校も、いろいろ問題はあっても、今日なお社会に出るための準備をする場として、その役割を十二分に果たしていると言える。

否定的態度をとらない

結局、ルール①の「何を言ってもいい」ようにするには、正しくなくてもいい、よくなくてもいい、誰かの意向を気にしなくてもいいようにすればいい。つまり、「違う」「ダメ」「おかしい」「アホか」などと言われたり思われたりしないようにすればいい。だからルール②の「人の言うことに対して否定的な態度をとらない」が必要になる。

否定する、バカにする、あざ笑う、軽んじる、茶化す、疑う、あきれる、困惑するなど、ネガティヴな態度をとられるかもしれないと思うだけで、人は言いたいことを言わなくなる。そのつど実際に誰かがそんなふうにするかどうかは問題ではない。

　誰もがかつてどこかでそういう目にあっているか、他の人がそういう目にあうのを見ている。だからそのような事態を避けるために、みんなあらかじめ慎重になり、臆病になる。疑心暗鬼。見えない敵におびえ、戦っている。

　だから、お互いに否定的な態度を絶対にとらないという明確なルールが必要なのだ。対話の実践者によっては、このルールを「人格攻撃をしない」「中傷しない」としている人もいる。逆に言えば、人を批判するのではなく、相手の意見を批判するならかまわないということである。

　しかし、たいていの人は、冷静にそのような区別はできない。自分の意見を批判されただけでも、発言に慎重になり、言いたいことを言えなくなる。だから、人格を攻撃するかどうかではなく、否定的な態度じたいが問題なのだ。

　ただしそれは、他の人と違う意見を言ってはいけないということではない。違う意見を言う時は、わざわざ「それは違うよ」とか「何言ってるの？」とか「バカじゃない？」とか言わなくてもいい。ただ違う意見を言えば、みんな分かる。

　とにかく自分の言うことが、同意されなくても、けっして否定されないと分かっていることが重要なのである。そうして、自分の言うことをそのまま受け止めてもらえると思えてはじめて、私たちは何でも言えるようになる。

もちろんルールとして伝えれば、すぐに何でも話せるようになるわけではない。そもそもんなことには慣れていないから不安だし、本当にみんながルールを守るとは、そう簡単には信じられない。それでも経験的には、はっきりそう伝えて、先の「何を言ってもいい」といっしょに理由を説明すれば、多くの人が少なくとも普段よりはずっと自由に話せるようになる。

お互いに批判もせず、気持ちよく話をしているだけでは、哲学的な議論などできない。意見をぶつけ合い、戦わせてこそ、問題点が明確になり、より緻密に考えられるようになるんだ――そう言う人もいるだろう。その点では、ディベートのほうが考える力を育てるにはいいように見えるし、実際にこれを取り入れている学校も多い。

だが、そのような話し合いは、自分の立場を貫き、相手を論破することにこだわりやすい。そうなると、揚げ足取りのような些末なやり取りになったり、自己防衛のための屁理屈が多くなったりする。それが発言の幅を、ひいては思考の幅を狭めてしまう。

批判的な論争も時には必要だが、それは専門家、議論好きな人、負けず嫌いな人、頭がよくてほめられたい人どうしでやっていればいい。いろんな年齢、職業、学歴、性格の人がいる場でやることではない。

哲学対話で重要なのは――その場の目的や好みによっても違うが――自由と多様性である。

それが思考に深みと広がりを与える。厳密さやレベルの高さは犠牲になるかもしれないが、「みんなのための哲学」であるためには、否定的態度をとらないという配慮がどうしても必要なのだ。

話さずに聞いている自由

③の「発言せず、ただ聞いているだけでもいい」も、「何でも話す」ために重要である。これはおそらく普通の話し合いにはない、哲学対話独特のルールのようだ（哲学対話でもこれをとくに設定していないところもある）。

ワークショップや会議など、私たちは、しばしば発言を求められる。時に「何でもいいから」と言われ、半ば強制的に何かを言わされる。けれどもそうやって口から出てくるのは、その場しのぎの「それっぽい」意見だけだ。しかも、そういうその場しのぎの発言をすると、それで許されたように思い、安心してそれ以上ものを考えるのをやめてしまう。

そもそも「何でもいい」と言われても、実際に思ったことを言うと、怒られたり、無視されたり、ダメ出しされることもある。だからやっぱり周りに気をつかい、怒られず、あきれられず、笑われず、〝許してもらえそうな〟無難で適当なことを言う。

無理やり言わされても、本当に自分で考えた言葉は出てこない。そんなことなら、何も言わないほうがマシだ。話したくなければ黙っている自由がなければ、話したいことを話す自由もない。

高校生を集めて行った対話イベントで、参加した男の子の一人が、最後に次のような感想を言った――「普段は人前で話すのが苦手なんですけど、今日は話したくなければ話さなくていいって言われたので、安心して話せました」。

それに「聞く」というのは、対話への立派な参加である。お互いがただ自分の意見を言いっぱなしで、一人でしゃべっているだけという人もいる。それに比べれば、はるかにいい。

それどころか、聞いていることじたいが、対話にとって決定的に重要である。それが対話を対話たらしめる。問い、考えたことは、聞いてもらえるからこそ語れる。だから人の話をじっと聞く、うなずく、あるいは首をかしげる、驚く、笑う。そんな反応のすべてが対話を動かしていく。だから「聞く」というのは、それじたいが参加なのである。

しかも哲学対話においては、何も話さないで聞いている人が、ただボケッと聞いていることはなく、むしろじっと静かに考えている。それは最後にその人に感想を聞けば分かる。ずっと黙っていた人のほうがかえって哲学的な深みをもったことを言うのは、けっして珍しくない。聞いていれば、その人はかならず考えているのだ。

また発言の自由度は、参加者の人数によっても左右される。この点でも哲学対話は特徴的である。すでに書いたように、ワークショップなどでグループワークを行う時は、「誰でも話しやすいように」と人数を4〜5人にしていることが多いようだ。たしかにこれくらいであれば、とりあえず発言するだけならしやすいかもしれない。

しかし、だからといって自由に意見が言えるかというと、そうでもない。人数が少ないと、話し合いをリードする人が出やすく（あるいは対立も起こりやすい）、その人の意見に引きずられやすい。

また4人のうち3人の意見が一致している時、一人だけ違う意見を言うのははばかられるだろう。つまり、人数が少ないと、かえって同調圧力が高まりやすいのだ。そうなれば、言いたいことを言うよりも、周りの人に気をつかった発言をするようになる。

それに少人数だと、ただ黙って聞いているのも難しいだろう。他の人がみんな意見を言っているのに、一人だけ何も言わないというのは、あまりにも感じが悪い。だが、無理やり話せば、その場しのぎのテキトーな発言になりやすい。

他方、哲学対話は10〜15人で行うため、いろんな意見が出て、誰か一人が議論をリードしたり、大半の人が同じ意見になったりするという事態は起こりにくい。無理に人に合わせる必要もなく、違う意見でも言いたいことが言いやすくなるし、黙っていたければそのまま自分で考えていられる。

自由に考えるためには、自由に発言できなければならないわけだが、それは内容についてだけでなく、タイミングの点でも同じだ。誰かから求められてしゃべらされるのではなく、言いたいと思った時に言いたいことが言える、ということが重要である。そうでなければ、心の中で自由に考えることもできない。

とはいえ、「何を言ってもいい」は、とくに「問うこと」に向けられなければならない。つまり「何でも問うていい」というのが大事である。なぜなら、問いこそが対話を哲学的にするからである。

問うことの難しさ

そもそも問いがあってはじめて思考が動き出すわけだから、問いかけができなければ、対話で思考を深めたり広げたりすることはできない。だから④の「お互いに問いかけるようにする」というルールがある。

ところが日常生活において、人に問いかけるというのは、きわめて難しい。それにはいくつか理由があるが、まず言えるのは、誰かが質問する時は、怒っていることが多いということだ。たとえば、中学生が学校帰りにゲームセンターで遊んでいたところを、見回りの先生に見つかって、先生から「おい、お前たち、こんなところで何やってんだ？」と言われた。それに対して「僕たち、ゲームして遊んでるんです！（見りゃ分かんだろ！）」と元気よく答えるのはバカげている。先生は質問しているのではなく、「お前たち、校則を破ってタダではすまさんぞ！」と言って、怒っているだけなのだ。

母親が子どもに「どうして部屋を片づけないの？」と聞く場合も、基本的には怒っている――「あんたはだらしない子ね！」と。そこで「面倒くさかったからだよ」と答えても、火に油を注ぐだけだ。「はい！」と言ってすぐに片づけるか、「いろいろ忙しいんだよ！」とか「はいはい、やればいいんでしょ！」と言って逆ギレするか。

会社で上司が「何でこんな仕事もできないんだ？」とか「何でミスをしたんだ？」と言う場合も、「お前は使えない奴だ」と、ダメ出しをしているのである。夫婦の間、恋人どうしの間で、「なんで？」「どういう意味？」と聞く場合も、「いい加減にしてよ！」とか「ふざけるな！」と言っていることが多い。

文句を言うつもりがなくても、質問しただけで相手を不快にさせることがある。学校や会社で質問したら、それだけで先生や上司が不機嫌になったということは、珍しいことではないだろう。

いずれにせよ、質問するのは、相手を責めていたり不満や文句を言っていたりすることが多く、そんなつもりがなくても、そう受け取られやすい。そうでなかったとしても、日常会話の中で質問を頻繁にすれば、しつこい、ウザいと思われたり、詮索好きとか何か裏の意図があって聞いているのかと不審がられたりする。いずれにせよ、相手を不快な気持ちにさせるし、会話を滞らせてしまう。

だから私たちは、できるだけ質問しないようにする。人の話はテキトーにうなずいておけばいい。共感しているのか聞き流しているのかは、二次的な問題である。そうやって、いろんなことをうやむやにして、疑問を抑え込み、やりすごすことで、円滑なコミュニケーションを心がける。

普段はそれでもいい。でもこういう「問わないほうが無難」という態度は、必要な時にも聞かないということにつながる。それでお互いに「この人はきっと○○と考えているにちがいない」「○○だと思われたらどうしよう」と、オメデタイ期待か、疑心暗鬼の邪推、以心伝心の忖度《そんたく》にとらわれることになる。

問わないほうがいい？

さらにもう一つ、もっと根深い事情がある。世の中では通常「分かること」に価値を置いている。とりわけ学校では、教えられたことがすべて「分かる」のが目標であり、質問がないのが理想の状態とされている。

質問があるうちは、まだ途中であり、不十分なのだ。教師か生徒のどちらか、あるいは両方に問題があると考えられる。それは教師にとっても生徒にとっても受け入れがたい。だから教師は質問を歓迎しない。自分がダメ出しされている気になる。授業の邪魔になる。

生徒は質問をためらう。みんなに迷惑がかかり、先生に鬱陶《うっとう》しがられる。自分がデキないとアピールすることになりかねない。それでデキる子は「全部分かりました！（だから質問はありません！）」と言う。デキない子は「何が何だか分かりません！（だから質問できません！）」と言う（実際には言わないだろうが）。いずれにせよ、疑問はもたなくなる。

「何か質問はありませんか？」とか「分からないことがあったら何でも聞いてください」と言われても、真に受けてはいけない。それはしばしば「まだ分からないという困った人はいますか」という意味だったりする。

だから下手な質問はできない。していいのは、「いい質問」だけだ。いい質問とは、教えられたことのうち、多少とも難しくて、「たしかにそれは、1回説明しただけでは分かりにくいかもしれんな。ではもう少し丁寧に説明しよう」という類のものである。

5分前に説明したこと、あるいは1年前にやったことを聞けば、「お前聞いていなかったのか」とか「それはもう説明しただろう」とか「なんだ、そんなことも分かってないのか」と言われる。逆にレベルが高すぎてもいけない。授業で説明したことを超える質問をすると、「それは今関係ない」とか「そこまでは知らなくていい」とか言われる。

このように学校では、質問なるものは基本的に歓迎されず、許されている質問もきわめて限られている。問うことを学ばないところでは、考えることも学べるはずがない。それどころか、問うことを封じ、問わないほうがいいということを学ぶなら、結局学校では「考えないこと」を学んでいるのだ。

こんなことをしたら、社会に出てからどうなるのだと心配になるかもしれない。だがそれは杞憂だ。社会はむしろその延長線上にある。職場で「分からないことがあったら、何でも聞いてくれ」と言われて、実際に質問したら嫌がられたり怒られたりした経験をもつ人は多いだろう。社会に出てからも、質問はしないほうがいいのだ。必要なのは、「ハイ！　分かりました！」という元気なお返事である。

もちろん世の中には、いい教師、いい上司というのがいる。そういう人なら、どんな質問でも嫌な顔はしないだろう。歓迎すらするかもしれない。しかしそれはあくまで〝いい〟教師、〝いい〟上司の話であって、つまり〝普通〟ではない。そういう先生や上司に巡り会ったのは、運がいいからであって、やはり〝普通〟ではないのだ。

ダイジョウブという魔法の言葉

先に述べたように、学校でも会社でも、「何でも聞いていいよ」とか「何か質問はない？」と言われて、それを真に受けるのは危険だ。かといって何も言わないのも感じが悪い。だからみんな言うのだ。「大丈夫です」と。出来のいい人も悪い人も、とりあえず「ダイジョウブ」と言っておけばいい。

とくに頭のいい人、デキる人は、たくさん分かっていることがアイデンティティになっている。自分に分からないことがあるなんて認めたくないから、疑問をもたない。疑問をもっても言わないようにする。

実際に質問するにしても、「いい質問だねぇ」「スルドイねぇ」と言われたい。だから分からないことがあっても、相手をうならせる、あるいはほめてもらえる質問を思いつかなければ、けっして質問はしない。ちゃんと分かったという確信がなければ、「いい質問ができない」ので、「分からないから質問できません」と言う。

これは奇妙なことではないだろうか。分からないから質問できないのではなく、分からないから質問するのだ。実際、何を聞いても、命まではとられない。最悪でもバカだと思われるだけだ。でも頭のいい人、デキる人は、バカだと思われたりしたら、自分のアイデンティティが崩壊してしまう。そんなことになるなら、いっそ死んだほうがマシだと思っているかのようだ。

他方、頭がいいという自負をもっていない人、デキない人は、質問するたびに「何だ、そんなことも分かっていないのか」とか「黙ってなさい」と言われてきた。質問や発言をして認められた経験が乏しい。だから自分は質問をしてはいけないと思っている。あるいは「どうせ聞いたってまともに相手にされない」「こんなこと聞いたらみんなに迷惑だ」と、最初からあきらめている。だからやっぱり「大丈夫です」と言うのだ。

「ダイジョウブ」――これは、自分も相手も嫌な思いをせず、誰も困らず、何の問題もないハッピーな世の中にするための魔法の言葉だ。それと同時に「何も問うことはありません。だから考えません」という思考停止の言葉でもある。だがいったい、何がどうダイジョウブなのだろうか。

知的な安心感とは？

「ダイジョウブ」、何も質問がない、というのは、「何も考えていません」「何も考えることはありません」「考えるのは面倒くさいです」「考えるのはやめました」ということだ。

しかし哲学とは、考えることであり、それは先にも述べたように、「分からないことを増やすこと」である。だから別の言い方をすれば、分からなくていい、何を質問してもいい、ということなのだ。哲学＝考えることにおいては、そういう寛容さが重要である。

「子どものための哲学」に、「知的安心感（intellectual safety）」という言葉がある。安心して話ができるというのは、否定されたり恥ずかしい思いをしたりせずに、「何でも言っていい」ということである。これは現在、いろんな話し合いの場で言われていることである。だから哲学対話にも、「人の言うことに対して否定的な態度をとらない」というルールがある。

とはいえ、それだけでは哲学的にならない。人が傷つかないように当たり障りのないことを言って、みんなでニコニコ笑って気持ちよくおしゃべりするのは、哲学対話ではない。気楽に話をするだけだったら、酒を飲みながらでも、お茶を飲みながらでもいい。

だが、それでは気楽なだけで、思考を深めたり広げたりする探究にはならない。知的安心感とは、言い換えれば、「何でも質問していい」ということである。「なぜ？」「どういうこと？」「たとえば？」と聞いていい、ということだ。そうした問いによって、対話は哲学的になる。「何でもアリ」のはずの居酒屋の無礼講の場でも、そんなことは無理だろう。そもそも飲み会の場というのは、実は何でも言っていい気楽な場なんかではない。それどころか、きわめて気をつかうところだ。

どうすれば場を盛り上げられるか、どうやったら人に好感をもってもらえるか、どうしたら気が利く人間だと思われるか、などなどいろいろ気にしないといけない。場を盛り下げる発言なんかできるはずもない。「問い」などもってのほか。「難しい話はおいといて、楽しくやろう！」と一蹴されるのがオチだ。

このように、お互いに問いかけるというのは、普通の状態では、どんなに気楽にしていられる状況であっても、ほとんど不可能である。だから、あえてルールとしてはっきりと掲げ、今だけ、ここだけは、何を聞いてもいい、どんな質問をしてもいい場にするのだ。

もちろんそれは、人を追い詰めたり、嫌な思いをさせたりするためであってはならない。時に問いは、そんな意図がなくても、問われた人に鋭く突き刺さり、つらい思いをさせてしまうこともあるだろう。

だが、それをはじめから気にして、聞いてみたいけどやめておこう、話題にするのもやめようというのは、普段だったら〝思いやり〟ですむかもしれない。しかし「考える」という点から見れば、望ましいとは言えない。

私たちはしばしば、心や体に病を抱えた人、親族を亡くした人、挫折した人、弱い立場、つらい立場にある人、悩み苦しむ人に対して、そうした話題を避けたり、ただ表面的にやさしい言葉をかけて慰めたり、もっともらしいことだけを言う。

だがそれは、たんに自分が悪者になりたくない、その場を楽しく過ごしたいだけではないのか。傷つく人や不快に思う人がいるかもしれないから触れないほうがいいと考え、当たり障りのないことしか言えないのは、何でも言っていい、何を聞いてもいい場になっていないということである。そこには思考の自由も知的安心感もない。

それに、そうやって周りが気をつかうことで、その人はかえってそのたびに少しずつ、結果的にいっぱい傷ついているかもしれない。「絶対大丈夫」などと安請け合いする気はないが、個人的には、問題をきちんといっしょに考えたほうがずっと傷つかないと思っている。考えないから傷ついて癒えないままになるのではないか。一人で考えているから出口が見つからず、ずっと同じところを回って悩み苦しむのではないか。

大切なのはむしろ、互いに恐れず、問題をしっかり受け止め、いっしょに考えることだ。そのためには問うことができなければいけない。そして問うた以上は、いっしょに考える覚悟が必要なのである。

対話で輪になっているのは、その点でもいい。なぜなら、輪になっていれば、質問するほうも、答えるほうも、それを聞く他の人たちも、みんな逃げることも慰めることもできず、ただ考えるしかなくなるからだ。

対等に話すための制約

哲学対話では、何を言ってもいい、何を聞いてもいいというふうに、自由な発言を重視する。他方で、いろんな立場の人が対等に話せることを大事にする。そうしないと、多様な意見が出てきて、お互いが自らの前提を問い直したり、違うものの見方に出会ったりしないからだ。

とはいえ、自由と対等は、簡単には両立しない。むしろ矛盾しかねない。無制限に自由にすると、強い立場の人が弱い立場の人を圧倒してしまう。そうなると実際には、強い人だけが自由で、それ以外の人は忍従しなければいけなくなる。世の中で言われている自由の状態は、そうなっていることが多い。

「何でも言っていいのに、言わないほうが悪いんだよ」というのは、強者の無神経な論理にすぎない。それはボクサーが素人相手に「好きなように殴っていいんだよ。僕も好きなように殴るから」と言うようなものだ。これは対等とは言えない。

哲学対話の自由は、相手に否定的なことを言わない、黙っていてもいいといったルールによって可能になった。今度は、対等に話をするために、自由を制限しなければいけない。そこで必要なのが⑤の「知識ではなく、自分の経験にそくして話す」である。

ここで言う「知識」とは、理論や学説、情報など、どこかに書いてあったこと、誰かが言ったことである。世の中では普通、議論する力、思考する力をつけるために、できるかぎり多くの知識を身につけようとする。

いろんなものをたくさん読み、人の話を聞いて、ムズカシイ概念、ベンリな用語、カッコイイ言葉を仕入れようとする。たくさん知っていれば、たくさん考えられるのだ、と。

たしかにそうだ。たくさん知っていることは、たくさん考える材料をもっていることでもあるし、それじたいが悪いわけではない。

しかし、対話の時に知識に基づいて話したり、人の言葉や何かの用語を引き合いに出すのは、権威づけをして、それによって自分の優位を示そうとしていることが多い。知識はいわば〝武器〟であって、勝つことを目指す論争では、それを身につけて使いこなすことが不可欠になる。それは、強者になるための手段である。

とはいえ、そうした知識をもち出しても、その人の理解があやふやであることも少なくない。仮にちゃんと理解していたとしても、知識に頼って話をすると、ものをよく知っている人――子どもよりも大人、学歴の低い人よりも高い人、一般の人よりは専門家――が発言権を握り、他の人はただ聞くだけになりやすい。

そうなれば、もう対話ではなくなる。そこに「共に考える」ということはなくなり、最善でも「ご高説を拝聴」して、知識を中途半端に吸収するだけの場になる。さもなければ、「こいつ何エラそうに一人でしゃべってんだ」というウンザリ感とイライラ感がたまる時間になる。

他方、経験に基づいて話をすれば、年齢や性別、学歴などにかかわらず、対等に話ができる。知識を背後にもっているのはかまわないが、ちゃんと理解しているなら、それをいちいち言わなくても、自分の言葉で、自分の経験や思いと結びつけたり、身近な例を出したりして話せばいい。

そうすれば、対話じたいは知識に頼らずに進められる。対話は、誰かが一方的に誰かに教える場でもなければ、共有できない個人的な意見を言い合う場でもないのだ（世の中そういう話し合いが多い）。

ただし、経験に基づいてといっても、子どもよりは大人のほうが経験のうえでも成熟しているから、優劣はあるのではないか、と思う人もいるだろう。しかし、子どもには子どもの経験、気持ち、思いがある。私たちは自分が子どもだった時のことを忘れており、子どもの立場は存外に分からないものだ。

また、大人としてどれだけ成熟していようと、私たちは自分とはまったく違う境遇で育っている子どもの気持ちや考えを理解することはできない。

たとえば、両親が離婚して母親が外で働いていて、家に帰っても一人だった子どもの気持ちは、両親がそろっていて帰ったらいつも母親が迎えてくれるような幼少時代を送った人には絶対に分からない。障害をもった子どもの経験は、そうした障害をもたない大人には絶対に分からない。そういう意味で経験に優劣はないのだ。

もちろん〝未熟さ〟というのはある。けれども未熟な経験には未熟な経験に特有の質がある。だからやはり経験は、質的に優劣を比較できない。そして経験にそくして話をするかぎり――にわかには信じられないだろうが――小学生の子どもと40代の社会人と、70歳のおじいさん・

おばあさんが対等に話せるのだ。

お互いに分からない言葉があれば、「どういう意味ですか」と聞けばいい。何でそんなことをするのか分からなければ、「どうしてですか」と聞けばいい。そうすれば、お互いに分かる言葉で話すようになる。

世代が違うから、生きている世界が違うから話が通じない、ということは起きない。起きたら起きたで、「分からない」ことがあるのは、問いのきっかけ、考えるきっかけになる。やはりいろんな人がいたほうが哲学的になれるのだ。

開かれた終わりのない対話へ

私たちは問いに〝答え〟を求めがちである。答えがあると安心する。もちろん何でもかんでも問うて考え続ければいいわけではない。答えが出ることはいいことだ。

だが無理やり、お手軽な、安直な、いかにもそれっぽい結論で思考を止めるのはもったいない。しかもそれは、自分でそうしたくてするというよりは、周りに気をつかって、あるいはたんに慣例的にそうすることが多い。

とくに話し合いが進んで時間がなくなってくると、みんなで寄ってたかって話がまとまるように気をつかい、お互い言いたいことがあっても言わなくなる。終わりに近づいているのに、横道にそれたり、話の方向を大きく変えたり、まして大前提がひっくり返るようなコメントや質問はできない。

けれどもそれは、やはり自由にものが言えない、考えられないということなのだ。だから哲学対話では⑥「話がまとまらなくてもいい」、もしくは「結論が出なくてもいい」というルールがある。

この点は、ワークショップのように明に暗に目標や落としどころが決まっているような場合や、課題解決を目指すような話し合いと、哲学対話との大きな違いである。そのため、哲学対話は課題解決には向かないように思われることもある。

たしかに答えを見つけることは、対話の目的ではない。けれども、それがはじめから目的になっていると、結論が出なければ困る、だから場当たり的な、さえない結論でも出ないよりはマシだと考えられてしまう。そうなると思考の幅が狭まり、本当にいい答えが見つからない。

それにさえない結論は、結局大して役に立たなかったり、かえって行き詰まったりする。哲学対話で前提条件から考え直すことができると、課題じたいが間違っている、もしくは不要だと分かることもある。

そうすると課題が修正されて新しいものになったり、消滅するという形で決着したりする。そして一見回り道をしたようでも、最終的にはよりすぐれた解決に至り、時間的にも短くなったということもある。

かならずそうなるわけではないが、つまらないその場しのぎの答えを出しては失望を繰り返すよりはずっといい。そうやって失望を繰り返せば、解決することに対する期待や信頼が失われ、「どうせダメだ」という気持ちが強くなる。そうなれば、そもそも話し合いも結論を出すことも、無駄な儀礼と化してしまう。

世の中に不毛な話し合いはいくらでもあるが、その原因の一つは、とにかくとりあえず答え、結論を出さなければいけないという考え方にあるのではないか。答えを出さない、結論をオープンにしておくという選択肢をきちんと確保して考えるなら、よりよい答えにもっと早くたどり着く可能性もある。

もちろんそれは、安易な先送りであってはならない。お互いに問い、考えた結果、結論が出るのであれば、それでいい。大切なのは、言いたいことを言い、問いたいことを問い、考えるべきことを考えたかどうかなのである。

さらに⑦「意見が変わってもいい」というルールも、一般的な議論や討論とは違う哲学対話の特徴であろう。多くの場合、話し合いで意見が変わるのは、いいことだとはされていない。前に言ったことと次に言うことが変わると、「さっき言っていたことと違うじゃないか」と言われる。一貫性がないとか、いい加減とか、日和見とか、負けを認めたというふうに、ネガティヴに受け取られることが多い。

それが嫌なので、私たちは、時に不必要に自分の意見にこだわり、屁理屈を積み重ねてでも、自分の意見を何とか通そうとする。また自分の意見を変えるのは、それまでの自分を否定することになると考えてしまう。だから前とは違うことを考えたり言ったりできず、自由にものが考えられない。

しかし哲学対話では、みんなでいっしょに考えているだけなので、それまでに言われた意見とは違うことを言ったり問うたりするのは、むしろ必要なことだ。

みんなで考えているのだから、考えを深めたり広げたりするのであれば、個々人の意見は変わってもいい。それどころか、意見が変わるということは、思考が深まった、広まった、違う角度から考えた、前提が問い直されたということだから、むしろ望ましいことなのだ。

さらに⑧の「分からなくなってもいい」は、もっとも哲学的なルールである。私たちは普段分かること、知っていることに価値を置く。分かっていると「エライね」とか「スゴイね」と言われ、分からないと「アホか」とか「困ったな」と思われる。

だから分からない状態や、分からないと人から思われるような状況を、極力避けようとする。そうすると、分からないことは問わず、分かることしか考えないか、さもなければ、分かったふりをするようになる。

しかし分からなくなるというのは、すでに書いたように、問いが増える、考えることが増えることなので、より哲学的になれるということである。要するに、対話では分からなくなるのは、むしろ素晴らしいことなのだ。

対話とは、共に問い、考え、語り、聞くことであり、どこかにある結論や答えにたどり着いて終わるのではない。最初から行き先も通る道も決まらないまま、他者へと、世界へと自らを開いていくのである。

第2章

哲学の存在意義

哲学は何のためにあるのか――この問いは概してウケが悪い。

哲学の専門家や、哲学好きの人たちは、「何のためになるのか」や「何の役に立つのか」といった、目的や効用、意義を聞かれるのが大嫌いである。

一方、普通の人にしてみれば、もともと「哲学なんて何の役にも立たない」と思っているので、そんなことを聞くことじたいがバカげているだろう。そう、こんな問いは、誰のためにもならない。聞かないに越したことはないのだ。

けれども、哲学対話が「みんなのための哲学」であるなら、あらためて問うてもいいのではないか。それは、「体験」としての哲学の意義を問うことでもある。そこから新たに見えてくるものがあるはずだ。

ここでは、それを「自由のため」「責任のため」「自分のため」と三つに分けて説明していく。だがその前に、なぜ「何のために」と問うのか考えてみよう。そしてまずは、哲学対話が「何の役に立つのか」という、分かりやすい〝効用〟について述べておこう。

1　哲学対話の効用

なぜ「何のために」と問うのか？

哲学に限らず、人文学の分野で専門家と呼ばれる人たちは、「何のためになるのか」とか「何の役に立つのか」などと質問することじたい、ケシカランと思っている。そして学問はそれじたいに価値があるんだ！とか、研究は研究であるがゆえに尊いんだ！とか、役に立たないからいいんだ！とか言う。

人文学に限った話ではないかもしれないが、そういう存在意義のような基本的な前提について、専門家と呼ばれる人たちはしばしば無頓着であり、考えるのを避けたがる。

けれどもそれが許されているのは、同類の集団から出ることなく、立場が違ういろんな人たちとの対話の場に身を置かないからである。一般の人たちを前にする機会があっても、あくまで「専門家の先生」として、一方的に「ありがたいお話」をしているからだ。

そこに話を聞きに来ている人は、はじめから関心があって来ているわけだし、いちおうエライ先生が相手だから、分かっても分からなくても、あえてその場で「何のため？」とは聞かないだろう。結局そこでも、価値観が似ている人か、専門家の権威に従う人たちが集まっているだけで、自分とは異なる種類の人たちと出会っているわけではない。

そのような場では、自分にとっての〝当たり前〟は問われず、物事を今までとは違った視点から見ることはない。専門家たちは、そうやってただ自分たちにとっての常識の中にとどまっているので、外部のいろんな立場の人と対話するのが概して苦手である。

そして「どうせ門外漢には分からない」ということで、素人などはじめから相手にしないか、専門用語を使ってしゃべり、相手を煙に巻くかになりがちである。それに学問なんて、好きな人、興味をもつ人がいれば、それでいい、という考え方もある。そういう人にとっては、「何のためになるのか」などと問われても、「放っといてくれ！」だろう。

とはいえ、教育機関で学ぶのに、国家であれ、親であれ、本人であれ、誰かがお金を出しているとなると、話は別である。とくにその金額がけっして少なくないとなれば、なおさらだ。

近年世間でよく使われる「費用対効果」や「経済効果」で測ればいいというものでもないが、かといって「趣味」や「娯楽」という言葉で片づけるわけにもいかない。まして「いつかどこかで何かの役に立つかもしれない」という無責任な教養主義に逃げるべきではない。

これはたんなる思考停止だ。ほとんどの人にとっては、ほぼ役に立たないのが確実なことのために多額のお金を出すほど、景気のいい時代ではない。資本主義の論理に毒されてはならないが、資本主義と無縁でいられるわけでもない。ならば資本主義のシステム――生産と消費、雇用と労働、収入と支出――の中に何らかの仕方で位置づけてみる必要がある。

役に立たなくてもいいかもしれないが、役に立ってもいいのだ。少なくとも、その可能性を考えてもいい。そのさい、お金になるかどうか、お金にならずとも、はっきりと何にどのように役立つのかを考えるのは、思考の可能性を試すうえでも、なかなかのチャレンジだ。悪いことではない。

「知識」としての哲学にとって、これに答えるのはかなり難しいかもしれない。特定の分野の専門知識をプロとして役立てられる人は限られている。興味をもっている人も限られている。しかも目立った貨幣的な価値を生み出さない。

では、哲学対話、どんな人にも可能な「体験」としての哲学は、いったいどういうふうに役立つのだろうか。

何のための哲学対話か？

哲学対話はもともと「子どものための哲学」の主たる技法として実践されており、元来のフィールドである教育の現場では、相応の価値と意義をもちうる。それが目的とするものに対して効果的であるなら、教育手法としてはじゅうぶん役に立ち、また「費用対効果」ももちうるだろう。

そこにはどんな目的、効果があるのか——他の人の意見や問いを聞きながら、自ら考えたことを言葉で明確にする経験を積むことで、子どものうちから、論理的・批判的にものを考える力や自分の意見を言う力がつく。そうすれば、グローバルな舞台で自分の考えを筋道立てて伝えられる優秀な人材、これまでになかった新しいことを発想できる創造的な人材を育てることができる！（かもしれない）

しかも哲学対話は、人を主体的にする面がある。そうすれば勉強も仕事も積極的になり、成績もグングン上がる！（かもしれない）そういう子どもは、大人になったら仕事ではイケイケドンドンで大活躍、お金もジャンジャン稼ぐようになる！（かもしれない）

また他の人の意見に耳を傾けることで、他者を尊重し、他者に共感し、他者に寛容な態度をとれる人になるだろう。そういう人は、きっと人から慕われ、頼られ、果ては調和と平和を世に広める人材になる！（かもしれない）こんな素晴らしい人が育ってくれれば、世の中で引く手あまただろう。

また学校に関して言えば、話をよく聞いてお互いを尊重することで、クラスの雰囲気がよくなる。そうなると、いじめが減る、なくなる、という話も実際によく聞く。そうやってクラス内が穏やかになり、仲間意識も強まれば、クラス全体、学校全体の学力が上がる。当然個々の生徒の成績も上がる。

学校で教員どうしの話し合いを哲学対話形式で行うと、教員がお互いに協力的になり、相互に学ぶようになり、授業がよくなり、その結果、生徒の学力がやっぱり上がる、という話も聞く。そうすると偏差値が上がって、さらにいい生徒が集まるようになり、さらに偏差値が上がり、先生も生徒も、親も教育委員会も文部科学省も大喜び……という期待がもてるかもしれない。

対話には、このように人間関係をよくする力がある。だから哲学対話を会社や病院などの組織で行うと、職場環境がよくなる、ということも聞いたことがある。すると、結果として仕事の効率や質も上がる。評判も上がり、業績も上がり、給料もドンドン上がる、という景気のいい話があるのかどうかは知らない。が、あっても不思議ではない（人間関係がよくなるところまでは聞いたことがある）。

こうしたことは、たしかに哲学対話の効用だろう。費用対効果、アリすぎだ。ただ、個人的には、こういうふうに世の中で〝勝ち組〟になれるかどうか、学校や会社などの組織、社会にとって便利な人材になれるかどうかという観点から見るのは、分かりやすいぶん、安直な気がする。

哲学が社会的な成功に役立ってもいいが、だから哲学は大事なんだという言い方は好きではない。そうではなく、あるいはそうした効果の根底にあって、人間にとってもっと本質的な、根本的な何かに資することはないのか。

その点で私がとくに強調したいのは、「はじめに」で述べた「自由」である。私たちは、考えることで自由になれる。そして共に考えることで共に自由になれる――それこそが哲学の意義である。

ではそれは、どのようにして可能なのか。「考えること」と「自由になること」は、どのような関係にあるのか。そもそも、ここで言う「自由」とは、どのようなものなのか――まずはこの点から考えていこう。

2 自由のための哲学

自由のいろいろ

考えるだけで自由になるなんて、自由はそんなにお手軽なものなのか、それは自由の安売りではないのか、と思うかもしれない。だが、ここで問題にしようとしている自由は、世間一般で言われる自由や、哲学で論じられる自由とは違う。

一般に「自由」という言葉ですぐに思いつくのは、いわゆる奴隷のような拘束や抑圧からの自由、思想や良心の自由、信教の自由、集会・結社・表現の自由など、憲法で保障されているような種類の自由である。

だがこれらの自由は、制度や法律の問題で、ここで扱おうとしている「考える」ことで得られる自由とは、ほとんど関係がない。思想や良心の自由とか、表現の自由は関係があると思うかもしれないが、これは心の中で考えていること、その表明が他者や社会、国家から干渉を受けたり、禁止されたりしないということである。

しかし私が問題にしているのは、自ら考えることで自分が自由になる、ということだ。それは制度や法律で規制されていてもいなくても、周囲からどんな影響を受けようとも、いずれにせよ可能である。

次に、もう少し日常的なところで言うと、選択の自由というのがある。選択肢が多ければ、私たちは自由であり、選択肢がなければ、不自由であるということだ。たしかにそういう気がする。

けれども、私たちは選択肢が多すぎて困惑し、何を選んでいいか分からなくなり、不自由だと思うこともある。私たちが日々、あらゆることをいちいち選ばねばならないとしたら、そんな面倒なことはない。

そのような時、私たちは選択肢などないほうがいいとさえ思うだろう。選ばなくていいなら、そのほうが気分的には自由かもしれない。別のことに集中し、やりたいこともできる。このように選択肢と自由は、それほど単純な相関関係にはない。

とはいえ、いずれにせよ、これもまた、ここで問題にしている、考えることで実現する自由とは、直接関係ない。選択肢が多かろうが少なかろうが、自由になれる時はなれるし、なれない時はなれないのだ。

こうした一般に言われる自由とは異なり、哲学においてより根本的な問題として議論されてきたのは、人間の自由の原理的な可能性についてである。すなわち、「運命論」や「決定論」との関連で出てくる「そもそも人間は自由でありうるのか」という問いである。すべては何らかの力や規則——運命であれ自然法則であれ——によって決まっているのではないか。そこに人間の自由の余地などないのではないか。私たちが自由だと思っているのは、幻想にすぎないのではないか。

このような観点から、人間の自由を否定することもできる。だがそうすると、どんなひどい犯罪でも、自然法則や運命に従って起きただけとなり、その行為に対する責任を問えなくなり、人を裁く根拠も失われかねない。

逆に誰かが素晴らしいことを成し遂げても、わざわざ称賛する価値もなくなってしまう。結局すべては、ただあらかじめ決まっていた通り生じる「出来事」にすぎないのか……。いやいや、この世がそんなにむなしくていいわけがない。だったらどうやって人間の自由の可能性を確保するのか。

こうした問いは哲学的に容易に解決しがたい、きわめて重要な問題であるが、ここではこれ以上深入りしないでおこう。というのも、これもまたここで取り上げようとしている自由とは、やはり関係がないからである。

感覚としての自由

奴隷のように拘束されていてもいなくても、思想や良心の自由、集会や表現の自由がどれくらい法的に保障されていようといまいと、あるいは、運命論や決定論によって人間の自由が原理的に否定されようとされまいと、どれもこれもここでは大した問題ではない。

私たちが現実を生きていくうえでもっと切実なのは、社会的な条件や物理的な条件が同じであっても、自由だと感じる時と感じない時がある、ということだ。つまり自由の感覚である。

それは主観的な状態であるがゆえに、客観的に見て自由かどうかは関係ない。まして決定論や運命論が言うように、自由なんて本当は原理的に不可能であってもかまわない。自由だと感じることは、痛みと同じように、私たちが生きる現実である。

痛みについては、「いやいや、それはあなたがそう思い込んでいるだけで、本当は痛くないんですよ」とは言えない。それと同じである。幻想だろうが何だろうが、自由だと感じるか否かが問題なのだ。

いろんなことを自在にやっているように見えても、本人は自由だと感じていないかもしれない。その人はじっとしていられないワーカホリックなのかもしれない。お人好しでノーと言えず、むしろ人に振り回されているだけかもしれない。

他方で、体が不自由であったり、経済的に困窮していたりするがゆえに、できることが限られていたとしても、本人がそれを気にせず、あるいは自ら引き受けて生きていれば、自由を感じているかもしれない。

このように感覚としての自由は、感じているかぎり、存在することが否定できない現実である。逆に感じられなくなれば、傍からどれほど自由に見えようと、やはりその人は自由ではないのだ。

また私たちは、自分の不自由さをはっきりと感じていない場合もある。牢獄で鎖につながれていたり、何の選択肢もないまま、ひたすら人から命じられたことをしていたりするのでないかぎり、私たちは日々、それなりに自由を感じて暮らしている。

今日の夕食、夏休みの予定、誰といっしょに過ごすか、いろんなところで自ら選ぶことができ、それなりに自由を感じている。ダラダラと惰性で、これといった生きがいもメリハリもなく暮らしていても、見たいテレビ番組を選ぶ時に、ささやかな自由を感じているだろう。

したがって感覚としての自由については、さまざまな深さ、強さがあると言える。その点で、ある人がその時々に自由かどうか、どれくらい自由なのかは、本人ですら明確には言えないだろう。

けれどもそれは、まさに私たちが生きている現実の状況を表しているのではないか。自分が自由なのかどうか、いったい誰がいつでも確信をもって断言することができるだろうか。

私たちは何かの折に、ふと解放されたように感じる。今まで自分がいかに不自由であったか、いかに何かに縛られていたかを、体全体で感じることがある。

体が軽くなってふっと浮く感覚。一気に、あるいはゆったりと広がるような感覚。目の前が開け、明るくなる感じ――そう、先に「体で感じる哲学」のところで述べた、「対話が哲学的になった瞬間」の感覚である。

私が考えることと自由を結びつけるのは、対話の哲学的瞬間において、この二つが分かちがたく結びついている実感があるからだ。

しかもこれは、私の個人的な体験なのではない。少なくとも対話の場においては、参加者から「自由になれた」というような感想をよく聞く。対話のさいの表情を見ていても、それが読み取れる。そんなのはお前のオメデタイ勝手な思い込みだと言うかもしれない。他の人が自由を感じているかどうかなんて分かるはずがない、と。

だが、私たちは、目の前の人が痛みに苦しんでいるさまを見て、その痛みの感覚そのものは感じられなくても、普通はその人が痛みを感じていることを疑うことはない。もちろん個々のケースで、それがどのくらい確実に言えるかは分からない。その人がただそう見せかけているだけで、嘘をついていることもあるだろう。

だからといって、他人が痛みを感じていることを私が分かる可能性が全面的に否定されるわけではない。それと同じように、誰であれ他者が自由を感じている時、それを分かっていると言っていいのではないか（自由を感じているふりをするのは、痛いふりをするよりもずっと難しいだろう）。

考えることで自由になる

このような感覚としての自由は、考えることとどのような関係にあるのか。なぜ考えることで、私たちは自由を感じるのか。

ある哲学カフェを運営しているお母さんが、哲学対話を通して「物事を自分から切り離して考えられるようになった」と言っていた。そして「日常生活で負っている役割を脇に置いて私という個でいられる場」ができ、そこで「自由を体感できる」という。

ここには、思考と自由の関係が、きわめて的確かつ簡潔に言い表されている。蛇足になるかもしれないことを承知で、私なりにもう少し敷衍《ふえん》してみよう。

哲学対話で私たちは自ら問い、考え、語り、他の人がそれを受け止め、応答する。そして問いかけられ、さらに思考が促される。こうして私たちはお互いを鏡にして、そこから翻って自らを振り返る。

それは抽象的な言葉で言えば、「相対化」とか「対象化」ということだろう。自分自身から、そして自分の置かれた状況、自分のもっている知識やものの見方から距離をとる。その時私たちは、それまでの自分自身から解き放たれる。自分を縛っていたもの――役割、立場、境遇、常識、固定観念など――がゆるみ、身動きがとりやすくなる。

それは体の感覚としても表れる。先に述べたように、対話が哲学的になると、体が軽くなった感じ、底が抜けて宙に浮いた感じがする。その時おそらくは、自分が思い込んでいた前提条件が分かって、それが揺らぐか、取っ払われたのだ。

自分とは違う考え方、ものの見方を他の人から聞いた時、新たな視界が開けるのは、文字通り目の前の空間が広がって明るくなる開放感として表れる。今まで分かっていたことが分からなくなると、いわゆるモヤモヤした感覚、それこそ靄《もや》の中に迷い込んだ感じがする。

そうしたもろもろの感覚は、どこか似たところがある。何かから切り離された感じ。自分をつないでいたもの、自分が立っていた地盤から離れる。それは一方では、自分を縛りつけていたものからの解放感であり、他方で、自分を支えていたものを失う不安定感である。

解放感と不安定感――この両義的感覚は、まさしく自由の感覚であろう。それはある種の高揚感と緊張感を伴っている。対話の時に経験する全身がざわつく感じ、快感と不快感が混じった、どちらとも言えない感覚はそれなのではないか。

これはさしあたり私の個人的な感覚にすぎないかもしれない。しかし私自身は、哲学対話のさいにこのような自由の感覚を経験し、考えることで自由になれたのだという実感がある。

そして他の人の表情を見ていても、きっと同じような経験をしているのだという感触をもっている。参加者が眉間にしわを寄せて一見苦しげに見えながら、深いところで満ち足りていて、楽しんでいるように見える。この両義的な表情から、他の人たちも同じように自由を感じているように私には思えるのだ。

実際、前述のお母さんも言っているように、私たちは考えることを通してまさに自由を体感するのである。

他者と共に自由になる

自由にはもう一つの重要な点がある。それは個人と自由との関係である。私たちは、自由であることと、一人であることをしばしば結びつける。一人のほうが気ままで自由だと考えることが多い。哲学でも「他者危害の原則」、すなわち「他人にとって害にならないかぎり、自由を認めるべきだ」という考え方がある。

日常生活の中でも、「誰にも迷惑かけてないでしょ」と言って、自分の行動の自由を正当化する人がいる。「あんたに関係ないでしょ」というのも、口出しするな、私の勝手にさせてくれという、自分の自由を主張するためによく使われるセリフだ。

このような表現からも分かるように、個人の自由にとって他者は〝障害〟とされることが多い。実際、個人どうしの利害や価値観、意向は一致しないのが普通であろう。ある人の自由は他の人の自由と衝突する。そこで他者との間で折り合いをつける必要が出てくる。他の人と関わることは、自由を制限するネガティヴな要因となる。

だから、自分のお金と時間を謳歌《おうか》するシングルをかつて「独身貴族」と呼び、逆に愛する人といっしょになって幸せなはずの結婚を「人生の墓場」と表現した。今でも、人といっしょにいるのは煩わしいと思う人はいる。一人で生きているほうが気楽だ、自由気ままでいられる。たしかにそうだ。結婚も、人付き合いも、気をつかうだけ。相手が好きでも嫌いでも、いっしょにいることじたいが疲れる——そんなふうに思う人も多いだろう。だが本当にそうなのだろうか。本当にそれだけなのだろうか。

他者が根本的に自由の妨げなのだとすれば、他者と共に生きるのは、仕方がないからであって、できれば他の人などいないほうがいいのだろうか。だとすれば、人と関わって生きているかぎり、私たちの人生は妥協の産物でしかないだろう。

実際、他の人といることで譲歩したり、我慢したりしないといけないことはある。けれども他者と共にいても、あるいは共にいるからこそ、自由だと感じることもあるのではないか。それに私たちは、どこかでまず自由の〝味〟を覚えた後に、それが抑えられたり妨げられたりする状態として不自由さを感じるのではないか。

私たちは生まれてから（あるいは生まれる以前から）、他の人との間で、他の人といっしょに生きている。最初の自由の感覚は、そこで身につけたはずだ。その時他者は、自由の障害ではなく、むしろ前提だったにちがいない。他者との関わりがあるからこそ、個人の自由が可能になり、そのうえで他者が時に障壁になるのではないか。

だとすれば、この自由の感覚は、成長するにつれて、薄まることはあっても、けっして失われることはないだろう。私たちの自由を妨げるのが他者なら、私たちを自由にしてくれるのも他者だということは、実は大人になっても変わらないはずだ。

これはたんなる理屈ではない。対話において哲学的瞬間に感じる自由は、感覚じたいが個人的であり、主観的であるとしても、だからといって、他者と共有できないわけではない。そこで自分が感じる自由は、まさにその場で他の人と共に問い、考え、語り、聞くことではじめて得られるものである。だからそれは、他者と共に感じる自由なのだ。

こうして私たちは考えることで自由になり、また他の人といっしょに考えることで、お互いが自由になる――哲学対話は、このような固有の、そしておそらくは、より深いところにある自由を実感し理解する格好の機会なのである。

3　責任のための哲学

ポジティヴな意味の責任

私はこれまで、哲学対話で何が得られるのか、哲学対話の意義は何なのかと聞かれ、自分でも考えてきた。その一つは――それももっとも重要で根本的なのは――今まで述べてきたように「自由」である。

それは、けっして抽象的な原則論でもなければ、一部の恵まれた、もしくはデキる人たちの話でもない。対話をしながら他者と共に考えることで、誰でも体感できるものである。その意味では分かりやすい。

しかしもう一つ、哲学対話の意義として私が強調しておきたいのは、「責任」である。これは、対話を通してすぐに実感できるものではなく、その点で分かりにくい。

哲学対話の意義、効用については、すでに述べたように、他に主体性、自発性、好奇心、他者への共感、相互の承認などがあり、これも対話で経験できる。そこではとくに責任ということを取り上げることはなかった。

だが、哲学対話をいろんな機会に行い、そこから日々の生活、自分の人生、社会で起きていることを振り返って考えると、結局いつも「責任」という言葉が頭に浮かんでくる。

他方で、自由を論じる時、責任が問題になるのは、ごく一般的なことでもある。「自由には責任が伴う」とよく言われる。「自由にするなら責任をもって行動せよ」とか、「自由にしてもいいが、結果には責任をとれ」という言い方もされる。

そのさい、自由がポジティヴな意味をもつのに対して、責任にはどこかネガティヴなニュアンスが付きまとう。自由と責任は、いわば〝表〟と〝裏〟の関係にあって、自由は〝表〟、たいていの人が望むこと、喜ばしいことであり、逆に責任は〝裏〟、多くの人が避けたいこと、重苦しさを表している。

だから私たちは、自由にはなりたいが、責任はとりたくない。責任はなしで自由だけ手に入れるのが理想的だと考える。

ところが、私が哲学対話で繰り返し思い至るのは、ポジティヴな意味での責任である。それは、自由と引き換えにしぶしぶ負う義務ではなく、むしろ自由と共に手に入れるべき権利のようなものではないか。簡単に言えば、責任がとれるのは、喜ばしいことなのではないか……。

そんなふうに私が考えるようになったのも、哲学対話の実践を通して、学校や会社をはじめ、社会のいたるところに理不尽さが見えて、そこでは決まって自由と責任の関係が問題になっていることが分かってきたからである。

それがどんな問題なのか、考えてみるとしよう。

奪われる自由と負えない責任

何度も述べたように、世の中には「何を言ってもいい」場がほとんどない。自由にものが言えなければ、自由に考えることもできない。そこでは、本来考えるべき人から考えることが奪われ、考えるべき人は自ら考えることを放棄している。考えなければ、自由を失う。そして誰かが代わりに考えたこと、決めたことにありがたく、あるいはしぶしぶ従うしかなくなる。

では、考えるべき人とは誰なのか。それはつねに、そこで問題になっていることの当事者である。たとえば、学校教育では、学びの当事者は生徒である。学ぶことは、他の誰でもない生徒にとって問題であるはずだ。

ところが、何をどのように学ぶのかについて、彼らが意見を聞かれたり、自分たちで考えて選んだりすることはない。学ぶべきことは教師が渡す教材、教科書の中にあることになっている。それは大人たちが子どものためだと称して考え、選んだものであり、教える方法——学ぶ方法ではなく――も大人が決める。

子どもたちはそういう教材を突然渡され、教師の言う通りに学べと言われる。そこに疑問や意見をさしはさむことなどできない。「なぜそれを勉強するのか」「もっとこういうことを学びたい」「こういうふうに学びたい」というのはけっして問うてはならないこと、言ってはならないことである。

子どもはせいぜい、与えられたものに満足したり、文句をつけたり、拒否したりすることが許されているだけである。もしくは、誰かが決めた選択肢の中から選ばせられるか、イエスかノーか、やるかやらないかを決めさせられるだけである。そこには自ら問い、考える余地はない。

しかし私たちは、自ら考えて決めた時にだけ、自分のしたことに責任をとることができる。だから自ら考えていないということは、自分で決めていないということであり、そうであれば、やったことの責任は、本来とれないはずである。

にもかかわらず、成績や入試の結果に関しては、生徒が責任を負わされる。「君の努力が足りなかった」とか「君は運が悪い」とか「頭が悪い」とか。そして挙句の果てに「自己責任」と言われたりする。

あるいは、良心的で真面目な教師なら、「全部オレが悪いんだ」とか「責任は先生にある」

と言って、謝ってくれたり、嘆いたり悔やんだり反省したりしてくれるかもしれない。

　また生徒は、自分の成績が悪いことや授業が分からないことについて、教え方が悪いとか、あいつはウザイとかクソとか言って、教師のせいにすることもできる。あるいは泣き寝入りしたっていい。

　だが、いったいそれが何になるというのか。

　生徒がどんなに教師を非難しようが、教師がどれほど謝罪しようが、成績や入試の結果は生徒自身が引き受けるしかない。当たり前だ。それは彼/彼女の人生だからだ。なのに、生徒はどんなに謙虚で真面目でも、自分で結果に責任がとれない。なぜなら彼/彼女は、何ら自分で考えて決めていないからだ。

　教師はどれほど望んでも、どんな人格者でも、生徒が引き受けることになる結果に対して責任はとれない。なぜならそれは彼/彼女の人生ではないからだ。彼/彼女が実際に責任をとれるのは、自分は授業が下手だとか、無能な教師であるとか、そういう自分自身の問題だけだ。

　要するに、生徒も教師も、とれない責任をとらされたり、とろうとしたりしているのである。

自由と責任の回復

　こうしたことは、社会に出てもほとんど変わらない。最近の若い社員は自分で考えない、主体性がないと批判されるし、たしかにそういう面もあろう。しかし実際には、たいていの会社や組織で、学校と同じく、働く当事者である社員には、選択権も決定権もほとんどない。与えられた仕事を決められたやり方で遂行するよう求められるだけだ。

時に創意工夫は必要だろうし、仕事によっては個々人の裁量が認められていることもある。けれども、「なぜそうするのか」という質問や「こんな仕事をしたい」という希望は、なかなか受け入れられないだろう。そうして基本的に会社や上司の言う通りに仕事をしながら、結果の責任だけはとらされる。この点で、世代による差はないだろう。

同様のことは高齢者になってからも続く。生涯学習にせよ、介護施設での生活にせよ、高齢者は、自分がどうするかについて考える余地を与えられていない。医療関係者や福祉関係者が彼らに必要なものを考えて提供する。それに対して高齢者は、満足だとか不満だとか、もっとこうしてほしいとかこれはやめてほしいと要望を言うだけである。

しかし、高齢者自身の生き方が重要なら、当事者である彼ら自身が何をどうしたいのかを考え、発言する自由が与えられなければならず、また彼らはその自由を行使しなければならない。そうでなければ、学校教育と同じく、自分で自分の人生の帰結に責任をとることなどできない。人生の締めくくりの段階が、そんなことでいいのだろうか。

地域コミュニティでも同じことが繰り返されてきた。地元住民が当事者として地域をどうするかを考えなければならないはずなのに、それを国や自治体、もしくはどこかの企業が代わって考え、決めてきた。

何か問題が起きたら、住民は行政や企業を非難するが、彼らが責任をとることはない。当たり前である。それは彼らの人生ではないからだ。他方、当事者である住民は、自分たちで考えも決めもしなかったから、責任がとれない。それなのにその結果は引き受けるしかない。何とも理不尽なことではないか。

私たちは、自分の生き方に関わることを誰かに委ねるべきではない。また誰かに代わって考えて決めてあげることもやめなければならない。人間は自ら考えて決めたことにしか責任はとれないし、自分の人生には自分しか責任はとれないのだ。

もちろん学校にせよ会社にせよ、一から自分で決められるわけではないし、そんなことは必要ですらない。しかし自ら考え、自ら選び、自ら決められる余地がなければならない。そのためには、自由に考えられる場、何でも話していい場が、つねにでなくても、どこかで絶対に必要なのである。しかもそのさい、一人で考えるのではなく、他者と共に考えることが重要なのだ。

ただしそれは、周囲と協調するためではない。むしろ、自分の考えというのは、さまざまな仕方で制約されており、自由にはほど遠いからである。一人で考えるのではなく、他者と共に考える対話の意義はそこにある。

明に暗に、他者と共にあることで互いを縛りつけ、言いたいことも言えず、自由に考えることを抑えつけられていたのであれば、今度は他者と共に考えることで、この縛りを解き、自由になれるはずだ。

対話では、先に述べたように、さまざまな人がそれぞれに異なる立場、視点から物事を眺め、語るがゆえに、おのずとものの見方や考え方が広がり、深まっていく。そこでそれまで自分を縛っていたものに気づき、そうではない可能性を考えられるようになる。そうやって私たちは、自分の枠から解放され、自由になれる。

そのようにして選んだこと、決めたことは、結果がどうあれ、責任をとることができる。そうして私たちは、ただ自由だけを求めるのでも、責任だけを甘受するのでもなく、その間で妥協するのでもなく、自由と責任をいっしょに取り戻す。それは他でもない、自分自身の人生を生きることなのだ。

しかもそれは、対話を通して生まれた他者との共同的な関係に根差している。だからそこで引き受ける責任は、一人で負わなければならない責めでも、できれば避けたい負担でもない。他者と共に享受する権利となるのだ。

4 自分のための哲学

哲学は誰のものか?

「哲学は誰のものか?」という問いは、奇妙に聞こえるだろうか。通常イメージされる哲学なら、基本的には専門家である哲学者のものである。それは彼らが哲学についてより多くの正確な知識をもち、より深く理解しているからである。それ以外の一般の人は、「そんな訳の分からないもの、自分には関係ない」と思うだろう。

哲学の専門家たちが一般の人――哲学好きな人も含めて――と直接出会うのは、主として大学の授業であり、講演会やシンポジウムのようなイベントであろう。あとは書物や雑誌、最近ではインターネットの記事などを書くことで、文字を通して間接的につながっている。

これは、あくまで「分かっている人」から「分かっていない人」への啓蒙という目的をもっており、そこには明確な役割分担がある。専門家のように知識をもっている側が、ほぼ一方的に提供・生産する立場で、一般の人は受容・消費する立場にある。

専門家どうしであれば、その役割が交代することもあるが、一般の人との間でそれはまず起きない。専門家が一般の人から何か学ぶことはあっても、それは考えるための素材とか何らかのインスピレーションの源泉としてであって、哲学そのものではない。

このように「知識」としての哲学を自分のものにできるのは、哲学の研究者や哲学に詳しい人のように、物好きでそれなりの努力を積み重ねた人だけである。一般の人は、それを薄められたか、もしくはかみ砕いた形で受け取るだけだろう。

こうした立場の違いは、「知識」としての哲学の特徴であり、それが哲学の専門性を支えている。そのことじたいはもちろん悪いことではない。哲学が専門的な研究を推し進めるのは、むしろ必要なことだろう。

実際世の中には、考えるプロフェッショナルである哲学者が突き詰めて考えなければならない問題、哲学者しか突き詰められない問題というのがある。けれども、だからといって、哲学をつねに専門家と物好きだけに独占させておいていいことにはならない。

「体験」としての哲学、ないし「考えること」そのものである哲学は、専門家かどうかは関係ない。誰にでも可能である。したがって、「知識」としての哲学のような、提供・生産する側と受容・消費する側の役割分担もない。

専門家も一般の人も、共に問い、考え、語るのであり、一つの共同作業として思考を広げ、深めていく。それぞれが体験するもの、いっしょに体験するものがあるだけで、そこに優劣も上下もない。つまり、個々人のものであると同時に共同のものでもある。

もっともこれら二つの哲学は、相容れないものではない。専門的な哲学においても、対話というのは、より深く理解したりいろんな角度から考えたりするために大いに役立つはずだ。逆に哲学対話の体験においては、専門家が考えたこと、哲学者の思想や概念は、「知識」として依存しすぎたり、権威として引き合いに出されたりしなければ、より哲学的に考えるための有益な手がかり、強力な武器になる。

「知識」としての哲学と「体験」としての哲学、専門家のための哲学とみんなのための哲学、いずれも自分が考えることと、共に考えることによって豊かになるはずだ。

哲学は恋愛のようなもの

哲学カフェや哲学対話など、市井の人たちによる実践は、なぜか専門家や哲学好きの人にはウケが悪い。まったく無視されていたり、哲学的でないとか、素人談義だとか井戸端会議だとか、レベルが低い、自己満足だ、等々、概してネガティヴに捉えられたりする。さもなければ、「いいんじゃない?」と軽くあしらわれる。

一般の人にとっては、すでに書いたように、専門家による哲学は意味不明であり、一部の物好きを除けば、違和感や忌避感をもっている。というより、多くの場合、ほとんど縁がないと思っている。

このように専門家の哲学と一般の人の哲学は、折り合いが悪く、実際接点もあまりない。哲学の研究会や講演会に行ったことのある人は少ないだろうし、哲学対話に専門の研究者はあまり関わらない。

これは双方にとって不幸なことだ。

素人による対話がレベルの低いものだったとしても――私はかならずしもそう思わないが――、なぜそれが問題なのだろうか。レベルが高くなければいけない理由などあるのだろうか。たとえば、プロ野球と比べれば、少年野球や草野球は、間違いなくレベルが低い。しかしだからといって、批判したりバカにしたりする人はいない。しかも、野球は（スポーツ一般も）、みんなに必要なものでもない。やりたい人だけやって、それ以外の人はやらなくてもいいのだ。

他方、哲学＝「考えること」は、誰にとっても必要である。子どものための哲学がそうであるように、小さいころから、幼稚なレベルからでも始めればいい。いや、他のあらゆる能力と同様、最初は初歩的な、レベルの低いところからしか始められないのだ。

それに、どこかにこれでじゅうぶんという到達点があるわけでもない。道も一つではない。寄り道をしながら行けばいい。だとしたら、気長に楽しくやればいい。とりあえずは自己満足でもいい。専門家がケチをつけるまともな理由などない。

他方、一般の人たちもおかしい。誰にとっても大切なはずの考えることを、面倒くさがって人任せにしている。そしてその専門家である哲学者を変人扱いする（実際そういう人も多いから仕方ないか）。

けれども生きている間には、どんな年齢であれ、どんな境遇であれ、自分の周りにある問題、自分が向き合うべき問題がたくさんある。

子どもは、成長するにつれて、出会うものすべてが新鮮な世界に入っていく。そこには素朴でありながら、深い問いがあふれている。

学校に行くようになれば、活動する世界と共に関心も広がり、希望と苦悩に彩られた問いに突き当たる。

大人になって社会に出れば、打算と妥協が必要な複雑な世界で、世俗的だが切実な問いに見舞われる。

年をとれば、減っていく未来と狭まっていく世界の中でわが身を振り返り、生老病死の大きく重い問いに向き合う。

私たちの人生は、いつも問いに満ちている。問いが外から迫ってきたり、自分の内から湧き起こったりする。どの問いも、自分が問わなければ、誰も問うてはくれない。他人任せにして誰かが答えを出してくれるのを待っていることなどできない。

とはいえ、自分一人で答えを出す必要はないし、自分だけでは無理だ。誰かといっしょに考えればいい。しかし問いかけることは、自らしなければならない。

思うに、哲学とは〝恋愛〟と同じである。他の人が大恋愛をしたからといって、自分が何もしなくていいことにはならない。自分は恋愛なんかしない！というなら、人生そのものと言い換えたっていい。誰かが素晴らしい人生を送ったからといって、自分が生きなくていいとは誰も思わないだろう。

恋愛も人生も、自分で身をもってやってみるしかない。人から学ぶこと、真似をすることはあっても、一から始めなければいけない。うまくいかなくても、時に嫌気がさしても、臆病になっても、手放してしまうわけにはいかない。

途中で休んだっていい、ヤケクソになってもいい。結局うまくできるようにならなくてもいい。恋愛下手でしかいられないからといって、過去の恋愛が無駄になるわけでも、これから人を好きになってはいけないわけでもない。さえない人生だから、生きるに値しないわけではない。

哲学＝「考えること」もそれと同じだ。レベルの高さ、厳密さ、深さ、一貫性を求める必要はかならずしもない。誰のためでもない。自分のために考えるのだ。どんなにつたなくても、自分でつまずいて自分で考えたことしか、その人のものにはならない。

だから、とにかくやってみればいい。そうして自由と思考を自分のものにし、人生を自分のものにするのだ。その時、いっしょに考えてくれる人がいたら続けられる。だから哲学は対話でするのがいいのだ。

第3章

問う・考える・語る・聞く

この章ではいよいよ「体験」としての哲学の方法、どのようにして「共に問い、考え、語り、聞く」のかを説明していこう。

「問う」「考える」「語る」「聞く」という、ごくありふれた、誰でもやっているようなことがどうして哲学の方法になるのか、もっと特別な、気の利いた、カッコいい方法はないのか、と期待する人もいるだろう。

けれども、この四つの行為のいずれも、いろんな障壁や配慮のせいで、実生活の中では抑圧されていたり、やっているつもりでも表面的にしかなされていなかったりする。しかも、おそらくあまりにもありふれているため、どうやればいいのか、あらためて学ぶこともない。

そこで以下、「問うことと考えること」「考えることと語ること」「語ることと聞くこと」の三つのつながりから、この四つの行為がそれぞれどういうことを意味するのか、実生活の中でどのように妨げられているのか、いったいどうすればできるようになるのか、具体的に述べていこう。

そこにはけっして特殊な資質やテクニックは必要ない。「問う」「考える」「語る」「聞く」という当たり前のようでいてまったく当たり前でないことから、できるかぎり制約や障害を取り除く。そうすれば哲学は、誰にでもできるものになるのだ。

1　問うことと考えること

問うことではじめて考える

「問い、考え、語り、聞くこと」としての哲学において、もっとも重要なのは「問うこと」である。「問い」こそが、思考を哲学的にする。たとえば、「今日は何しようかな、疲れてるしなぁ、今週中にあれ片づけなきゃいけないのに、……そういえば、昼ご飯、何食べよう?」――こういうのは「考える」ということとは違う。頭の中で何となく思いが巡っているだけである。「考える」というのは、もっと自発的で主体的な活動を指す。それは「問い」があってはじめて動き出す。問い、答え、さらに問い、答える――この繰り返し、積み重ねが思考である。それを複数の人で行えば、対話となる。

問いによって考えるようになるということは、何をどのように問うかによって考えることが変わってくるということを意味する。つまり、問いの質によって思考の質が決まるのである。そして、どのような問いをつなげていくかによって、思考の進み方が変わる。

漠然としたことしか考えられないのは、問いが漠然としているからだ。抽象的なことばかり考えるのは、問いが抽象的だからだ。明確に問うことができれば、明確に考えることができ、具体的に問えば、具体的に考えられる。考えが同じところばかりグルグル回っていて、先に進めないのは、問いに展開がないからだ。

「何かいいことないかなぁ」と考えているだけでは、いろんなよさそうなこと、楽しそうなことが頭に浮かんでは消え、「あーあ、つまんないなぁ」とグチるだけになる。その代わりに次のように問いをつないでみる。

「いいことってどういう意味だろう？　楽しいこと？　ためになること？　誰にとっていいこと？　誰にとって楽しいこと？　自分にとって？　みんなにとって？　みんなって誰？　自分はどんな時に楽しいと感じる？　最近楽しかったのっていつ？　自分のためになることって何？　自分に必要なもの？　何のために、いつ必要なもの？……」

こうして問いを重ねていくと、考えが前進する。すると、「いいこと」が具体的に見つかるかもしれないし、やらなければいけないことがはっきりして「いいことないかな」などと考えている場合ではないと思うかもしれない。いずれにせよ、先に進める。

「何であの人はこんな面倒なことばかり頼んでくるんだろう？」と思っているだけでは、鬱陶しい、非常識だ、ワガママだ、いい加減にしろ！等々と、心の中で相手をののしるだけだろう。

そうではなく、こんなふうに問うてみる。

「あの人が頼んでくることって本当に必要？　なんで私はそれを面倒だと思うの？　あの人の

言うことっていちいち聞かなきゃダメ？　あの人との付き合いって私にとってどれくらい大事？　断ったらどういう問題が起きるの？……」という具合に。

ひょっとすると〝あの人〟自身が何か別の問題を抱えているのかもしれない。また私が過剰に反応して、必要以上に言うことを聞こうとしているのかもしれない。それは私が気弱で断れないだけかもしれないし、他人に〝いい顔〟をしたいだけかもしれない。結局は断っても大したことがないのであれば、問題はどうやって断るか、だけなのかもしれない。それも、もっともらしい言い訳などせず、一言「忙しいから無理」と言えばすんだりする。

こうして問いを重ねることで、考えることは広がり、別の角度からものを見られるようになる。哲学的かどうかはともかく、問いは思考を動かし、方向づける。だから、考えるためには問わなければならない。重要なのは、何をどのように問うかである。

問うとは自ら問うこと

とはいえ、私たちは、そもそも問うことに慣れていない。私たちがもっぱらやってきたのは、与えられた問いについて考えることだけである。典型的なのは、やはり学校である。

学校で使う教科書には、たくさん「問い」がのっている。それらは、望んでもいないのにいきなり目の前に突き出される。だがそうした教科書の問いは、テストも成績評価もなかったら、まして学校から離れたら、誰も「面白そう!」とか「解きたい!」などと思わないだろう。それでも問答無用で「解け!」と言われる。それで仕方なく解く。

このような問いは、決められた手続きが分かっていれば、答えにたどり着くことができるが、それが分からなければ、答えは出ない。正解以外は答えではなく、自分の思うように考えて自分なりの答えを出すことは許されていない。それを解くプロセスを「考える」と呼び、「考えて解け!」と言われる。

だが、教科書に出てくる問いを見て、「これこそ私が考えたかったことだ!」と思う人は、おそらくただの一人もいないだろう。そのように押しつけられた、興味もない問いを「解く」ことは、考えることではない。考えさせられているだけで、強いられた受け身の姿勢を身につけるだけである。

しかも、いやいや解いているので、答えが出てしまえば、さらに問い、考えることにはつながらない。それで終わってしまう。自ら問わなければ、考えることはないのだ。では自ら問うとはどういうことか。

考えるには、考える動機と力がいる。自分自身が日ごろ、疑問に思っていることはつい考えたくなる。考えずにはいられない。こういう考える力をくれる問い、つい考えたくなる問い、考えずにはいられない問い、それが自分の問いであり、そうした問いを問うのが、自ら問うことである。

私たちは誰しも、年齢や境遇によって、いろんな自分の問いをもっているはずだ。小さい子どもであれば小さい子の、思春期なら思春期の、社会人なら社会人の、子育てをしていれば子育て中の、年をとったらそれなりの、介護されていれば介護されているからこその問いがある。

そこまで生活に密着していなくてもいい。哲学対話のイベントや授業では、（テーマは決まっていることも決まっていないこともあるが）参加者が自ら考えて問いを出すことを大切にしている。自分たちが問いたいことを問うため、自ら問うことに慣れるためである。

参加者がいろんな問いを出して、他の人がどんなことを疑問に思っているのかを共有する。それは、自分がまったく疑問に思わない、とても個性的な問いであったり、「たしかにそれって分かんないよね」と共感する問いであったりする。

そして問いそのものについて話し合い、問いについてさらに問うていく。「何でそれが疑問なのか？」「他にこういうことも問えるんじゃないか？」と、問いじたいをさらに深めていく。

たとえば、お金に関してであれば、「何のためにお金がいるのか」「どうやったら効率よくお金を稼げるのか」「どれくらいのお金がいるのか」等々の問いが出てきたとする。そうしたらさらに関連して、「なぜ自分はお金が必要なのか」「お金で買えないものは何か」「お金で物を買って自分が手に入れようとしているのは何か」「お金と名誉とどちらが大事か」などと問いを広げていく――こうした問いを考える作業は、慣れてくればそれほど難しくないし、対話の場で他の人といっしょにやるのは、とても楽しく、スリリングである。

　このように自分で見つけた問いは、考えるのも楽しいし、自分でついつい考えてしまう。哲学対話の後、多くの人が「すごく頭を使った」とか「考えすぎて疲れた」という感想をもつ。にもかかわらず、気の進まないこと、もともと興味がないことを考えた時とは違って、充実感がある。とても晴れやかでうれしそうな表情をする。学校でやると、生徒たちは喜々として「楽しかった！」「いっぱい考えた！」と言う。地域コミュニティでやった時は、「これまでの人生でいちばん幸せな時間だった」と言われたこともあった。

　考えることは、エネルギーも使うが、元気もくれる。自ら問いたいことを問い、そこから考えることは、普段私たちが知っている「問題を解くために考える」＝「考えさせられる」のとは、まったく違うのである。

哲学の問いと哲学的な問い

　哲学には哲学の問いというのがある。伝統的に哲学の中で論じられてきた問いである――真理、存在、認識、善悪、正義、美、他者、空間、時間、等々。一般的に言って、哲学の問いは、自分の問いにはなりにくい。

もっとも世の中には、哲学の問いを自分の問いにできる人がいる。何かのきっかけで哲学書を読んで、その種の問いに目覚める人もいれば、もともとそういう疑問をもっていて、あれこれ悩んでいるうちに、どうやらこれは哲学というものらしいと気づくパターンもあるようだ。その種の人は、いわゆる哲学好きになり、場合によっては大学で哲学の研究を志すに至る。

けれども、普通の人が、いきなりこういう疑問を抱くことはまれである。専門家ですら、こうした問いを明けても暮れてもずっと考えているわけではない。誰しも、物事を突き詰めていったり、深く悩んだり傷ついたりすると、いわゆる哲学の問いにぶつかることはあるが、私たちは普段、そんなに深く考えたり悩んだりしない。どこかでそんなことをうっすら考えていても、面倒くさいか、恐ろしいかで、問わないままにしている。それが私たちの日常だ。

いわゆる専門的な哲学の問題は、結局のところ、誰にとってもほとんどの場合、実生活には関係がないのである。哲学じたいが浮世離れしているからというより、哲学の問題が現実の具体的な文脈から隔たっているのである。

これは哲学の特徴ではなく、専門化された知識によくあることだ。医学が細分化したために、患者の体や生活の全体を見られなくなるのと似ている。体や生活と同様、現実には哲学の問いのような区分はない。

実生活の問いは、もっと具体的で複合的で錯綜しており、いくつもの問いが絡み合っている。

哲学であれば、他者、空間、時間、認識、善悪、美は、時に相互に関連づけられることはあっても、たいていは別々の問題として論じられる。哲学者自身も、一般には何か特定の問題の専門家である。

ところが実生活の中では、たとえば「他者」とは友だちであり、親であり、夫であり妻であり、会社の同僚であり上司であり、得意先の人であり、あるいは、たまたま道で行き合って言葉を交わした人、ただすれ違うだけの人、目の前にさえいない赤の他人、不特定多数の人である。

「他者なるもの」という一般的で抽象的な存在と出会うわけではない。そのつど具体的な何者かと特定の空間と時間を共有する。週末に自宅で家族とのんびり過ごす。一人暮らしの部屋で、テレビの中の他人を見ながらお菓子をほおばる。学校の教室で、隣のクラスメートが内職をしているのを横目に見て、睡魔と闘いながら退屈な授業を受ける。会社で同僚と打ち合わせをして、得意先にメールを送り、資料の整理など、いろんな仕事に忙殺され、夜遅く満員電車に揺られて疲れ果てて帰宅する。

そうやって私たちは家族や友人のことを気づかい、目の前のことに一喜一憂し、過去のことを振り返って後悔し、将来のことを心配する。今やるべきことは何か、時間をどう使うか、どこに行くべきか、何が正しく、何が間違っているか、といったことを考える。

こうした問題を突き詰めていくと、部分的には他者のみならず、知覚、空間、時間、善悪や正義といったいわゆる哲学の問題につながっていく。だが、全体としては、いろんな問題が複雑に絡み合い、哲学の問題として考えられることをはるかに超えている。

その中にはもちろん哲学的でない問題も含まれている。たとえば、今日は何を食べるのか？食事の材料をどこで買うか？　テレビは何を見るか？　どの授業が退屈か？　誰にメールを送るか？　等々。

だが、そこで立ち止まらずに、哲学的な次元へ入っていくこともできる――なぜ私たちは何かを食べるのか？　なぜただ食べるだけではなく、おいしいものを食べるのか？　食事は人間の生活の中でどのような意味をもつのか？　テレビで見ることと直接目で見るのは何が違うのか？　映像はどのような意味で現実か？　なぜ授業を受けるのか？　授業を受けることと学ぶことはどのように関係しているのか？　等々。

これらの問いは、通常「哲学の問題」と言われるものではないが、じゅうぶん哲学的であろう。逆に、哲学の問いだから、それを考えることがつねに哲学的というわけではない。哲学の問題といえども、たとえば誰がどんなことを言ったのかという事典的・哲学史的な事柄や、どこにどんなことが書いてあるかというような文献学的なことは、かならずしも哲学的とは言えない。哲学全体がそうであるように、内容的に哲学だったら、問いや議論が哲学的なわけではないのだ。

思うに、元来は〝哲学の問題〟があるというよりも、物事の〝哲学的な問い方〟があるだけなのだ。私たちはそれぞれ、自分の現実生活の中でさまざまな問いと出会う。自分から疑問に思うこともあれば、他の人から問いかけられることもある。どんな問いであれ、自分にとって身近な問い、自分が直面した問いから出発しても、哲学的な問いへと進んでいくことができる。

哲学の問題が、現実の文脈から切り離され、個別のテーマに分かれていることは、学問として純粋で専門的に高度であるためには必要だろう。けれども、他方でそのことは、個々のテーマに関して、仮に何か重要な結論や洞察が歴史上の哲学者によって提示されていたとしても、個々人の現実生活には大きく影響しない、ということにもつながる。

もちろん、哲学研究の目的はそんなことではなく、思想上のさまざまな問題を明らかにすることであり、現実の生活に生かせるかどうかなど、どうでもいいという考え方もある。私自身、そういう考え方にも共感する。

だが、哲学の問題にせよ、それ以外の哲学的な問いにせよ、現実の生活に関する疑問から出発すれば、そこで問い、考えたこと、そこで得られた洞察は、ふたたび現実のコンテクストに戻しやすく、その人の生活にとって、大きな意味をもちうる。だから、いわゆる哲学の問題を考えることよりも、自分自身の問いをもつことのほうが重要なのである。

とりあえず問う

問いがあってはじめて考えることができ、また問いの〝質〟によって思考の〝質〟も決まるなら、哲学的な思考をするためには、まずは問うことから始め、それを哲学的にしていけばいい。

とはいえ、とりあえず質は気にせず、何でもいいから問うようにしよう。そのさい、「分からないこと」を大事にするといい。そうすれば、そこに問いが見つかる。分からない！（困った！）→誰か教えて！ではなく、分からない！→問うこと、考えることがある！（よかった！）ということなのだ。だから、日ごろ、ふと「何でだろう？」「どういうことだろう？」「どうすればいいんだろう？」と気になること、繰り返し自分の心に浮かぶ疑問を大切にする。

そうはいっても、問いをもつことに慣れていないと、そもそも自分が何を疑問に思っているのかも分からない。そこでどんな問いがいいのか、すぐには思い浮かばないだろうから、以下、子どもからお年寄りまで、どんな疑問がありうるのか、例を出しておこう。

〈子ども〉
どうして好き嫌いしちゃダメなの？　学校に行きたくない時、どうしたらいい？　勉強ってできなきゃダメ？　頭がいいってどういうこと？　友だちとケンカしたらどうしたらいい？　先生の言うことって、聞かなきゃダメ？　親ってどうして自分ができないのにやれって言うの？　どうして世の中には悪い人がいるの？　ウソってついちゃいけない？　どうして生まれてきたの？　死んだらどうなるの？

〈中高生・大学生〉

将来何したらいい？　なんで働かなきゃいけないの？　何しに大学に行くんだろう？　どの学校に行ったらいいの？　どうしていじめが起きるんだろう？　勉強ができるのと頭がいいのってどう違うの？　どうしてオレ、こんなにバカなんだろう？　自分に向いてる仕事って何？　生きる意味って何だろう？　自分が死んだら、みんなどう思うんだろう？　どうして世の中、こんなにひどいことばかり起きるんだろう？

〈社会人〉

どうして自分のことを評価してくれないんだろう？　なんでこの仕事してるんだろう？　なんでこんなに忙しいんだろう？　どうしてみんなちゃんとやってくれないんだろう？　どうして私って、こんなに失敗ばかりしてるんだろう？　どうしたら業績を伸ばせる？　どうしたら幸せになれるんだろう？　どうしてみんな分かり合えないんだろう？　いつになったら結婚できるの？　なんで結婚するんだろう？

〈母親〉

どこの病院で産んだらいい？　子どもが生まれたら、生活はどうなるの？　いつ子どもを作ったらいいの？　ちゃんと子どもを育てられるかな？　なんでこの子は泣いてばかりなの？　どうして夫は子どもの相手をしてくれないの？　なんで子どものことをかわいいと思えない時があるの？　私っていい母親？　粉ミルクと母乳とどっちがいいの？　子どものこと、怒っちゃダメ？　しつけってどうすればいいの？　食べ物の好き嫌いってどこまで許していいの？

〈年配の人〉

自分が死んだら、家族はどうなるんだろう？　いつまで元気でいられるんだろう？　病気になったらどうしよう？　毎日何やって過ごせばいいんだろう？　今の若者は、どうしてこんなに自分勝手なんだろう？　どうして息子とこんなに疎遠になったんだろう？　どうして夫にちょっとしたことでイラつくんだろう？　健康ってどういうこと？　あの時○○してたら、今どうなっていただろう？　あの人、今どうしてるかな？　お墓、どこに作ろう？

なかには些細な問いもあれば、切実な問いもある。だがいずれもが、どこかに哲学的な次元を宿している。少なくとも、問いを重ねることで、そうした次元が現れてくる。

問いを問い、問いを重ねる

問いは哲学的であったりなかったりする。問いがはじめから哲学的である必要はない。問いをさらに問い、問いを重ねていく。そうやって考えを深めたり広げたりするうちに、問いが哲学的なものへと変化していく。

ただ、そうはいっても、問うことに慣れていないと、いざ問いを見つけようとしても、どうしていいか分からないだろう。自分一人で考えるにせよ、対話で他の人といっしょに考えるにせよ、まずは「どういう問いがいいか」と考える前に、なかば機械的に問いの形にしてしまうといい。まずは基本的なものからあげておこう。

〈基本的な問い方〉

・言葉の意味を明確にする

○○とは何か？

例：「友だちって何？」「いい母親って何？」

○○とはどういうことか？

例：「〝元気でいる〟ってどういうこと？」「〝悪い人〟ってどういう人？」「〝女らしい〟ってどういう意味？」「みんなに分かってほしいって言うけど、〝みんな〟って誰？」

・理由や根拠や目的を考える

なぜ○○なのか？

例：「どうしてそれが嫌いなの？」「何のために大学に行くの？」「なぜ失敗したのか？」

なぜ○○と言う（思う・感じる等）のか？

例：「なぜそれを失敗だと言うのか？」「どうしてそれがいいと思うのか？」

・具体的に考える

たとえば、どういうことか？

例：「仕事を評価するという時、たとえばどんなことを評価するのか？」「〝問題がある〟って言うけど、たとえばどういうこと？」

具体的にどのようなことか？

例：「〝社会貢献〟とは具体的にどのようなことを言うのか？」「〝努力します〟って、具体的にどうするの？」

・反対の事例を考える

そうでない場合はないか？

例：「人間は幸福を求めると言うが、そうでない場合はないか？」「努力は報われると言うが、それが当てはまらないケースはないか？」

別の可能性はないか？

例：「英語を学ぶには英語圏に行くのが一般的だが、別の可能性はないか？」「今年の夏休みは海に行こうと思うが、他にいい過ごし方はないか？」

・関係を問う

○○と▽▽はどのように関係しているか？

例：「学歴と収入はどのように関係しているのか？」「愛と憎しみはどう関係しているのか？」

○○であると、▽▽ということになるのか？

例：「一所懸命頑張れば、いい結果が出るのか？」「お金があれば、幸せになれるのか？」

・違いを問う
○○と▽▽はどのように違うのか？
例：「〝やさしい〟のと〝あまい〟のはどう違うの？」「〝誇る〟のと〝うぬぼれる〟のはどこが違うの？」「恋と愛はどう違うの？」
どこまでが○○で、どこからが▽▽なのか？
例：「どこまでが仕事で、どこからが遊びなの？」「どこまでが愛情で、どこからが執着なのか？」

・要約する
要するにどういうことか？
例：「いろいろ言ってたけど、結局どういうこと？」

・懐疑
本当にそうだろうか？
例：「昔の人は環境と調和して生活していたと言われるが、本当にそうだろうか？」「何でも言えるのが親友だって言うけど、本当にそうかな？」

・5W1H

一部先にあげた問いと重複するが、いわゆる5W1H「誰who（が・に・と・を）」「何what（が・に・と・を）」「なぜwhy（理由・目的）」「どこwhere」「いつwhen」「どのようにhow（どのような仕方で、どれくらいhow many、いくらhow much）」がついた問いを作る。

〈時間と空間を移動する〉

以上が基本的な問い方である。さらに自分の立ち位置を相対化する問いがある。一つは時間的に、もう一つは空間的に。

・時間軸で問う

過去

例：「昔（100年前、戦前、お母さんが子どもだったころ、学生時代、等々）はどうだったのだろう？」

未来

例：「将来（来年、10年後、結婚したら、退職したら、自分が死んだら、等々）はどうなるのか？」

現在

例：「昔（100年前、戦前、等々）は○○だったが、今はどうだろう？」

・空間軸で問う

自分

例：「この仕事、大事なのは分かるけど、自分にとってはどうなんだろう？」「みんな賛成みたいだけど、私はどうだろう？」

他者

例：「私はそれがいいと思うけど、他の人にとってはどうだろう？」「誰でも歓迎って言うけど、子連れの人もいいのかな？」「自分が学校で受けた授業は、他の地域ではどうなのか？」

社会

例：「自分の仕事は、会社全体の中ではどういう意味があるのか？」「日本では新年に餅を食べるが、世界ではどのようなものを食べているのか？」

このようにしてさまざまな形式で自らに、あるいはお互いに問いかけると、おのずと思考が動き出す。よりいろんなことを、具体的に、明確に、厳密に、公平に、慎重に、根本的に、筋道立てて考えられるようになる。

また、前述のような形式に合わせて機械的に問いを作るのは、意外に効果的である。よく考えて作ったほうがいいと思うかもしれないが、問うのに慣れていないうちはもちろん、慣れた後でも、自分の思考の癖や傾向、能力にはおのずと限界がある。

機械的に問いを作ると、そうした制約をあっさり取り払うことができ、自分では思いつかない問いを作ることができる。無理やり作ると、一見ナンセンスに見えながら、斬新で深い問いになっていることも少なくない。

「問う方法」が分かれば、考えることができる。「問う方法」などと言うと、難しそうに聞こえるが、そんなことはない。慣れれば簡単である。とにかく前述のようにして問いを積み重ねれば、考えることにも厚みと深みと広がりができる。

〈小さな問いから大きな問いへ〉（具体的な問いを抽象的な問いに）

次に小さな問いから大きな問いへ、具体的な問いを抽象的なレベルに上げる方法を考えてみよう。

たとえば「何でこの子は泣いてばかりいるのか？」という問いは、些細なことかもしれないが、子育て中の母親にとっては、時にとても切実な問題である。おなかがすいたのか？　どこか痛いのか？　機嫌が悪いのか？

理由が分かることもあれば、分からないこともある。授乳した直後なら、おなかがすいているわけではない。具合が悪そうでもない。では機嫌が悪いのか？　一所懸命あやすが泣き止まない——「何で泣いてるの？　どうしたらいいの？」。

だが次のように問うと、そこに少し違う次元が開ける。自分にとっての問いの意味を問うのである。たとえば、そういう疑問をもつ自分自身に「なぜ」と問うてみる——「なぜ私は『何でこの子は泣いてばかりいるのか？』と問うているのか？」。言い換えれば、「なぜ私は子どもが泣くのを気にしているのか？」と問うてみる。うるさいからか？　近所に迷惑がかかるからか？

ここからは、先にあげた問い方をいろいろ使ってみる——「うるさい」ってどれくらい？「うるさい」ってどういうこと？　誰にとってうるさいの？　私？　近所の人？　近所の人って誰？　本当に迷惑？　どうして迷惑をかけたくないの？　いい母親でいたいから？　近所の人からいい人だと思われたいから？　いい母親って何？　いつもいい母親じゃないといけない？　何でいい母親でいたいの？

　こうして問いを重ねていくと、「何でこの子は泣いてばかりいるのか？」という目の前の問題から、次第に距離をとり、より広い、より大きい問いへ移っていくことができる。そこに哲学的な次元が開けてくる。

〈大きな問いを小さくする〉（抽象的な問いを具体的な問いに）

　次に前とは逆の方向の問いかけ方を考えてみよう。

たとえば「人間とは何か」や「生きる意味は何か」のような巨大な問いは、一見哲学的に見えるし、実際に哲学的であったりもする。しかしこのままでは、ただ手に負えない、漠然とした問いにすぎない。どのように手をつけていいか分からず、グルグルと考えを巡らし、頭を悩まし、哲学的気分に浸るだけになる。

　実際には、大きな問いは思考停止を招き、短絡的な答え、安直な肯定か否定につながりやすい――「生きる意味なんてあるのか？」「生きてることじたいが素晴らしい！　だから、生きてるだけでいい！」、あるいは、「生きてる意味なんてない！　じゃあ死のぅ！」「人間なんて地球にとって有害なだけだ！　みんな死ねばいい！」。

　大きな問いを小さくして、具体的にする時にも必要なのは、やはり問う自分自身にさらに問いかけることだ。「生きる意味は何か」と問うのではなく、「なぜ私は生きる意味を問うのか？」と問うのである。

すると、問題は自分にとって身近で具体的な文脈に置かれる。そうすれば、自分が考えられる問題になる——なぜ自分は生きる意味を問うのか？　最近何をしてもむなしいと感じるから？　試験に落ちたから？　就職活動がうまくいかないから？　恋人にフラれたから？　親が亡くなったから？

試験に落ちてなかったら、就職してたら、恋人にフラれてなかったら、生きる意味なんて問わなかった？　恋人とラブラブだったら、親が生きていたら、やっぱり問わなかった？　だったら、生きている意味は、人生の成功や、幸福、大切な人と共にいることと、どういうふうに関係しているんだろう？　そういうことが満たされれば、生きる意味はあるって言えるんだろうか？　そもそもどういう時に「生きている意味はあるか」って問うんだろう？

こうして問いを積み重ねていけば、自分なりに考える手がかりは、自分の周りにたくさん見つかり、そこから自分で考えていける。そうやって今度は、小さな問題を大きな問題にするのとは逆に、問題から距離をとるのではなく、問題に近づくことができる。

それはまた、大きすぎて途方に暮れるしかなかった問いに対して、自分なりに向き合い、自分に可能な仕方で考える自由を手に入れることでもある。

問いではない問いを問う

世の中には、問いのように見えて、実際には問いではないものがたくさんある。不満や不安、怒りや恐れや苦しみと共に発せられる問いは、多くの場合、問いではなく、拒絶、否定、非難、侮蔑、呪詛《じゅそ》である。

「なんでこんなことしなきゃならないんだ？」は「やりたくない！」という拒絶であり、「なんでこんなのがいいんだ？」は「いいわけないだろ！」という否定、「何を言ってるの？」は「バカなこと言うな！」という非難である。「なんでこんなこともできないんだ？」は「無能な奴だ！」という侮蔑、「なんであんな奴がのうのうと生きてるんだ？」は「バチが当たればいいのに！」という呪詛である。

こうした問いは、実際にはそれが問いではないということだけではなく、「イヤだ」とか「ダメだ」とか「クソ」とか「アホ」とか、すでに答えが出ている。それなのに、解消されることのない不満と共に埒が明かない〝問い〟としてその人に付きまとう。そのせいできちんと考えることが妨げられている。

この状態から抜け出す選択肢は二つある。問うのをやめるか、問いを立て直すか、である。問いではない問い、考えることのできない問いを考えられる問いに変えられないなら、もう問わないほうがマシだ。何でもかんでも問えばいいというものではない。

問う能力は、人によって違う。手に負えない問いというのは、誰にでもある。問わない、問いを忘れる、あきらめるということも重要だ。とはいえ、それとて簡単ではない。だから「どうしてそんなことを問うのか？」「その問いを問うことに意味はあるのか？」と問う。これで問いから抜け出せるかもしれない。

問うことをどうしてもやめられない、やめたくない、やめるべきでない場合は、もう一つの選択肢になる――問いを立て直すにはどうすればいいのか。

たとえば、「なぜ授業を受けなければならないのか？」（大人だったら「仕事」と言い換えればいい）というのを取り上げよう。これは、学校へ行って生徒たちから自由に問いを出してもらうと、よく出てくる問いである。本当に疑問に思って出てきた問いかもしれないが、その背後にはしばしば「意味がないんじゃないか」「つまんない」「退屈だ」「できれば受けたくない」という不満や拒絶がある。

普通の答えは（とくに教師からの）、「受験に必要だから」となるが、当然これで終わりにはならない。続いて生徒からは、「塾で習えば、学校の授業は必要ないのか」という問いが出てくる。あるいは、「自分が受ける大学ではこの科目（理系なら歴史、文系なら理科とか）は必要ないから受けなくていいか」となる。

教師としては、ここで手詰まりだろう。あるいは、「とにかく勉強しておけば、いつか何かの役に立つかもしれない」と、原理的には否定不可能なことを言うかもしれない。それなら「たとえば、どんな時？」と聞ける。さらに続けることはできるが、いずれにせよ、先生にとっては分の悪い問答だ。

だがここでは、教師をやり込めることが目的なのではない。教師がちゃんと答えられるかどうかも重要ではない。そうではなく、教師も含めていっしょに考えられるような問いになるかどうか、そこから哲学的な問いにしていくにはどうすればいいか、である。

ここでも、自分自身をその問いに結びつけてみるといい――「なぜ自分はその授業に意味がないと思うのか？」「なぜその授業を受けたくないのか？」――そんな問いに対してはどう答えるだろうか。「そもそもやってることが分からないし、受験で不要だから分かる必要もないし、結局自分の人生には関係ない」

そこからさらに次のように問うことができる――「受験では不要でも分かるとためになる、人生には関係があるようなことは何か？」「それは不要だと思う科目（歴史や理科）について言えば、どのようなことか？」「それは学校で学べないか？　学べないとすればなぜか？」「そもそも学校で学ぶべきことは何か？」「ある科目で学ぶ意義があるのはどんなことか？　その意義とはどのようなものか？」といった具合に。

こうすれば、問いはより深くなり、哲学的になる。堂々巡りをしたり、ただ人を怒ったり憎んだりするのではなく、一歩でも二歩でも考えを進めていける。

こんなこと面倒くさくてやってられるか！と思うかもしれない。そんなことをやったって、どうにもならない。どうせ授業は受けなきゃなんないじゃないか！——その通り。こんなこと、生徒であっても教師であっても、一人では考える気にもなれないだろう。

それどころか、問うことは恐ろしいことでもある。もし答えがなかったら、答えられなかったら、どうするのか？ あるいは、自分の無力さ、愚かさに直面するかもしれない。ならば、ただ文句を言って、誰かを責めていたほうがいい。そのほうがずっと楽だ。

だが、答えが出るかどうかは問題ではない。生徒からすれば、授業を受ける意味があるかどうか、先生が納得のいく答えを示してくれなくてもいい。それがまっとうな問いであることを認めてくれればいいのだ。

つまり、疑問を共有することじたいに、すでに大きな意味がある。自分が疑問に思うことを、問うに値しないかのように扱われたり、問うことじたいが間違っているとかケシカランと思われたりするのは、誰にとってもつらいことである。自分の疑問がきちんと受け止められること、問うていいのだと認められることが、重要なのである。

そして答えが出なくても、その問いから考えていくことで、恐れや怒りや苦しみ、不満や不安から身を引き離すことができる。そうすれば、その人自身、少しでも自由になれる。

大事なのは、問うことを恐れないことである。最初からいい問いを作る必要はない。とにかくいろいろ問う。そこから問いを積み重ねていく。

ただ、一人ではなかなか思いつかないし、何より退屈だ。だから、他の人と対話をする。自分だけでは思いつかないような問いを他の人が思いつく。他の人が問えば、自分も問う勇気が出る。そこに対話の意義がある。

答えのある問いの大切さ

問いには、はっきりした答えのある問いと、そうではない問いがある。「富士山の高さは何メートルか」という問いには、一言で明快に答えられるが、「富士山はなぜ神々しいのか？」にはいろんな答え方ができるし、簡単には答えられない。

実際に明確な答えが出せるかどうかは、あまり問題ではない。たとえば、「この部屋に酸素分子はいくつあるか？」という問いは、大まかな数であれば、化学式を用いて計算できるが、正確には分からない。かといって、数が決まっていないわけではない。

また中間的な問いもある。「日本人は何人いるか？」という問いは、日本国籍をもつ人の数を問題にしているのであれば、はっきり答えられるが、日本国籍をもつ外国人、外国籍をもつ日本人、世界のさまざまな国にいる日系の人を数に入れようとすれば、どのように答えるのか難しい問題である。

少し意味合いは違うが、「閉じた問い（closed question）」と「開いた問い（open question）」という区別もある。閉じた問いは、簡潔に答えられて、それ以上の説明を要しないもの、開いた問いは答えに説明を要するものである。

イエス・ノーで答えられるのは、閉じた問いが多いだろうが、人の意見を聞くような問いは、かならずしもそうではない。「死刑制度に反対ですか？」や「今の生活に満足していますか？」は、人によっても違い、簡単には答えられないので、開いた問いである。

また、人によって、場合によって答えが違うからといって、開いた問いになるわけではない。「あなたの名前は何ですか？」や「今何時ですか？」は、一言で答えられるので、閉じた問いである。「夏休みはどのように過ごしたいですか？」というのは、中間的なものだろう。

一般には、思考力を育てたり、哲学的な対話をしたりするためには、明確な答えのない問い、開いた問いを考えるのがいいとされる。だが、かならずしもそうではない。たとえば、「死刑についてどう思うか？」という問いに対して、何の予備知識もなしに、ただたんに命の価値、罪と罰の関係、復讐、救済などについて自由に話していれば、対話じたいは哲学的になりうる。しかし死刑について、より深く考えられるとは限らない。

歴史上、どのような死刑があったか、どのような罪に対して死刑が科されたか、現在死刑はどの国に残っていてどの国で廃止されているか、死刑はどのようにして廃止されたのか、凶悪犯罪に対して死刑の代わりにどのような刑罰をもって臨んでいるのか、現在日本で死刑はどのように行われているのか、死刑囚はどのような生活をしているのか等々、調べれば明確な答えが得られる問いはたくさんある。

どんな問題であれ、調べれば分かることは明らかにしたうえで問い、考えなければ、対話は糸の切れた凧のように宙を漂い、あらぬ方向へ行ってしまう。それはそれで、新たな視点が見つかったり、意外な展開があって予想もしないことを考えることができたりして、対話としては面白いし、哲学的な広がりも深まりもあるだろう。それもまた思考の自由さなのかもしれない。

だが、制御がきかないのは、自由さとは違う。確かな知識によって土台と軸が与えられれば、対話は焦点が定まった仕方で深めることができる。

知識だけ学んで問うことがなければ、思考はどこにも行かず、育つこともない。知識もなしに問うばかりでは、思考は方向を見失う。知識はそこからさらに問うてこそ意味があり、問いは知識によってさらに発展する。だから哲学的に考えるためには、答えのある問いとない問い、閉じた問いと開いた問いの両方が必要なのである。

2　考えることと語ること

語ることが考えに形を与える

私たちが考えていることは、声に出して語る（あるいは文字で書く）ことで、はじめて明確な形をとる。ただ頭の中で考えているだけでは、ぼんやりしたまま、フワフワ浮かんでは消え、グルグル回り続けるだけである。声に出しても、独り言であれば、黙って考えているのと大差ない。

大事なのは、他者に対して語ることだ。言葉に出して、他者に語りかける時、私たちは自分が考えていることを相手に伝えようとする。そして「伝える」ということは、通じる言葉、分かる言葉を探し、選び、口に出し、届けることである。そこではじめて考えていることが、相手にとってのみならず、自分にとっても明確になる。

こうしたことは、誰とどんな話をしていても、多かれ少なかれ当てはまる。けれども、日常生活の中で人と話をしている時は、自分の考えを語っているというより、その場で話すべきことや、相手の意向に沿うことを話していることのほうが多い。

あるいは、いわゆる天気の話や、仕事や子育てのグチのように、話の中身じたいには大した意味はなく、ただ挨拶の延長で、ある種の作法やマナーとして、それぞれの人がTPOを踏まえて話せばいい。

社会生活を営むうえで必要なこうした会話は、友だちや職場の人との付き合いの中である程度はおのずとできるようになっていく。こういうのを「コミュニケーション能力」と言うのだろう。そこにはもちろんコツやテクニックがあり、したがって得意な人もいれば、苦手な「コミュ障」もいる。

しかしこの種の能力は、考えたことを話すのとは違う。私たちのほとんどは、考える方法を学んでいないのと同様、考えたことを語る方法も学んでいない。これもまた元来、生きていくうえで誰にでも必要なはずだが、まともに習わないし、実際にはさほど求められてもいない。

だから口下手、人に話すのが苦手という人が多いのは、偶然ではない。時々うまい人がいて、そういう人は得をする（あるいは「口は禍《わざわい》の元」でかえって損をする）。もちろん他のあらゆる能力と同様、慣れや訓練というのはあるし、得手不得手もある。学んだからといって、みんながができるようになるわけでもない。

しかしそれ以前に、私たちにとって考えたことを語るのが難しいのは、世の中にそれを妨げる二つの〝規範〟が存在するからだ。一つは、「自分の考えは話さなくていい」というもの、もう一つは「語る相手のことは考えなくていい」というものである。

自分の考えは話さなくていい？

第1章の「語る自由を奪う教育」で述べたことだが、世の中で私たちが言っていいのは、「正しいこと」「よいこと」「相手の意に沿うこと」だけである。もう少し正確に言うと、「正しいとされていること」「よいとされていること」「相手の意に沿うとされていること」である。つまり、自分で考えたことは話さなくていい。代わりに、世間の〝常識〟や他の人が考えること、期待することを話していればいいのである。

「よく考えて話しなさい！」と言われることもあるが、それは、自分の考えを話すよう求めているのではなく、前に書いたような〝常識〟や他人の考えを推し量ってしゃべりなさい、という意味であることが多い。そうしないと、ダメ出しされたり、怒られたり、笑われたりする。

だからよほど自信があるか、何事にも無頓着でないかぎりは、「こんなこと言っていいんだろうか？」「これでいいんだろうか？」と心配しながら発言する。さもなければ、おとなしく黙っていたほうが無難だ。

「どう思う？」と意見を求められても、「なかなかですね」「いいですね」「難しいですね」と、どうとでもとれるテキトーな受け答えをして、あとは相手のいいように受け取ってもらおうとする。そう言われた相手のほうも、自分の都合のいいように解釈するので、よほどのへそ曲がりでないかぎり、このような実のない、ごまかしの返事に、意外と喜んでいたりする。

このように他人に合わせたり、その場しのぎで話したりしているだけでは、自分が考えていることを形にするのに、何の役にも立たない。

他方で、私たちは、慣れていないうちから、うまく話すこと、はっきり話すことを求められる。「ちゃんとしゃべりなさい」と。しかし、こんなにいろいろ気にしなければいけないのに、自分の言葉を発することなどできるはずもない。そのうち、話は他の人にしてもらえばいい、自分は黙っているか、適当なことだけ言ってすませよう、ということになる。

しかし、前にも書いた通り、誰かが考えてくれるから、自分は考えなくていいということにはならないように、語るのも人任せにせず、それぞれが自分で考えたことを伝えるために、自分で言葉を見つけていくしかないのだ。

そのためにこそ、他者が必要になる。対話を通して言葉を共有してくれる他の人がそこにいることで、私たちは語り方を学べるのだ。ところが、世の中はそれを簡単には許してくれない。

あふれる他者不在の語り

世間の常識や他人の意向に合わせて話すことは、「他者に対して語る」ということとは、まったく違う。そもそも語ることは、明に暗に、つねに誰かに対して語ることである。つまり、語る相手=他者が存在する。これは、まったく当たり前のように思えるだろうが、相手を意識することは、それほど簡単なことではない。

実際、世の中には誰に向けたか分からない言葉が実に多い。とくに書かれた言葉は、目の前に相手がいないせいか、読み手を意識しない文章が巷《ちまた》にはびこっている。

学校と言われるもの（中学・高校・専門学校・大学）のホームページ、大学のシラバスはその好例である。役所など行政機関が出している文書も、いろんな人たちに向けた情報のはずだが、相も変わらず伝統的な〝お役所的〟文章が多い。抽象的な言葉、堅苦しくて大仰な表現、聞こえのいい表現、イマドキのカタカナ言葉が多くて分かりにくい。

読者を想定し、ふさわしい言葉づかいをしているものは珍しい。意識して書いているところは、はっきりそれと分かる。企業のホームページは、さすがに分かりやすいものが多いが、それが当たり前と言うほどでもない。

思うに、こうした公的なところに出てくる文章であっても、実際には特定の人に向けられているはずである。学生だったり、高校生だったり、その親であったり。企業の場合でも、消費者一般というより、その会社が扱っている製品の購買層であるはずだ。

ところが文章じたいは、想定される読者による違いはとくになく、概して難しく、分かりにくい。いったい誰に向けて書いているのかは、おそらく書いた本人も自覚していないと思われるが、たいていは同業者（学校なら他の学校、企業なら他の企業）か、さもなければ、「お役人」かそれに類する人たちではないかという気がする。つまり、向くべきほうへ意識が向いていないのだ。

その点で言うと、学識のある人、高学歴の人、何かの分野のエキスパートと言われる類の人の話や書くものも、ひどいことが多い。誰が聞くか、誰が読むかなど、そもそも気にしていないか、自分と同類の人だけが分かればいいと思っているようだ。

もしくは、自分の話はみんなありがたがって聞いたり読んだりするのが当然だとでも考えているのか、伝わらなければ相手が悪いと考える。もっとタチが悪い場合は、むしろ相手に伝わらないことを意図しているか、喜んでいることすらある。そうすれば、優越感に浸れるからである。

聞くほうも聞くほうで、分からない話を聞くと、「この人アタマいいんだ！」とか「この人ってスゴイんだ！」と、おめでたく喜んでいたりする。お経みたいに意味不明なほうがありがたく感じるのだろうか。あるいは「オレってアタマ悪いから」と自分を責めてみたり、謙遜しつつ開き直ったりして、聞くのをやめてしまう。

そもそも世の中は、さまざまな〝専門〟用語、〝業界〟用語、若者言葉、省略語など、内輪で固まって他の人を締め出す言葉に満ちている。内部の連帯感と外部への差別感は、いずれもけっこう気持ちいいし、しばしば自分の帰属感、アイデンティティを支える安心感にもつながる。

しかしそうした同類の人に対して使う言葉は、〝他なる者〟としての他者に向けられたものではない。したがってそれは、むしろ独白に近い。他者を意識しない思考は、いつもの自分自身の枠の中にとどまり、自らと向き合い、顧みることがない。

こうした他者の不在は、インターネット上でも蔓延している。ネットの掲示板やツイッターの書き込みは、匿名かそれに近く、お互い姿が見えないので、相手は回線の向こうの〝誰か〟、あるいは〝何か〟でしかない。それは自ら向き合わねばならない他者ではないので、言いたい放題でどんな暴言も吐き出せてしまう。

消費者も言いたい放題だが、それも他者がいないからである。一見すると、彼らは、どこかの店や会社という具体的な相手に語っているように見える。だが消費者は、とくに日本では〝神様〟であるがゆえに、自分が話す相手はすべてを受け入れる〝下僕〟であって、対話する相手のような対等な他者ではない。

いずれの場合も、一見「何を言ってもいい」を実践しているように見えるが、他者として意識する相手がいない。そこでは、いくら言いたいことを言っていたとしても、共に問い、考え、語り、聞くことにけっして結びつかないのだ。

このように世の中は、いたるところに他者不在の言葉があふれている。私たちはあまりにもそういう言葉に慣れてしまって、本当に他者を意識して自分の考えを伝えるということがどういうことなのか、どうすればそれができるのか、分からなくなっているのではないか。

語ってから考える

では、自分の考えを語れるようになるには、どうすればいいのか。

そのために何より大切なのは、「他者に対して語る」ということと、そして「語ってから考える」ことである。

ここで言う「他者」は、〝世間〟や〝常識〟のような茫洋《ぼうよう》とした抽象的な存在でも、姿が見えない匿名的な〝誰か〟でもない。目の前にいる具体的な、生身の他者である。しかもそれは、気をつかって合わせたり、自分の思いを抑えつけたりしないといけないような他人ではなく、気兼ねなく対等に話せる相手でなければならない。

このような語りは、哲学対話でこそ可能になる。相手が目の前にいて聞いてくれてはじめて私たちは、自分の考えをきちんと言葉にして伝えようという気持ちになる。しかもそこでは、誰かに評価されたり否定的な態度をとられたりすることがないので、他の人の意向や考えを忖度して話さなくてもいい。自分が考えたことをそのまま語ることができる。

最初からうまく話せなくてもいい。無理やり話すこともない。とりあえずは黙って考えているだけでもいい。それでも、自分の考えを形にするために、いつかどこかで話してみることが大切だ。だから、とにかく言葉を口に出してみる。

一般には「よく考えてから話す」のがいいと言われるが、そんなことをしていたら、語れるようにはならない。哲学対話の第一のルールにある通り、「何を言ってもいい」のである。だからとりあえず話す。考えずに話してもいい。話しながら考えてもいい。もっと言えば、基本的には、話してから考えればいいのだ。

いざ話してみると、そこから思考が言葉に導かれ、つながっていくことが多い。対話に参加している他の人が言葉を拾ってつないでくれて、ぴったりの言葉を見つけてくれることもある。もちろん自分の中で言葉を探し、選び、それからしゃべってもいい。

いずれにせよ、哲学対話ではちゃんと話さないといけないという思いには、あまりとらわれないほうがいい。まずは話すこと、そこから始めればいい。そうして対話をしながら、他の人といっしょに言葉を見つけ、他の人から言葉を受け取り、自分の考えを伝える言葉を増やしていく。そうやって回数を重ねれば、誰でも自分の考えを語れるようになる。

多ければ少なく、少なければ多く

もともと話し慣れている人、話すのが得意な人は、自分の考えを語れるようになるのに、とくに哲学対話は必要ないのだろうか。

いわゆる議論好きな人は、自分の考えをペラペラと並べ立て、自分の考えていることを難なく言葉にできているのではないか。たしかにそう見える。私自身、もともとおしゃべりで、議論も嫌いではない。考えていることを言葉にするのも、比較的得意なのだと思う。

けれども、哲学対話をやってみると、普段と全然違った感覚をもつ。よりじっくり考え、言葉を選んで話すようになる。話す量が減り、スピードもゆっくりになり、それでいて頭はいつもより使う感じがする。

今まで対話に参加した大人も、似たような感想をもつ。そして「いつもあんまり考えずにしゃべってるんですね」と言う。高校でディベートが得意な生徒も、哲学対話をすると、「めっちゃ疲れた！」と言ってうれしそうな顔をする（この対話に独特の疲労感は「聞く」ことについても言える。これについては次の「語ることと聞くこと」で述べる）。

対話をしてみると分かるのだが、普段の議論は、考えたことを語るというより、言いたいことを言っているだけか、反論にせよ共感にせよ、相手の言葉に反応しているだけのような気がする。

ディベートのように相手を論破することが目的になると、些細な揚げ足取りになったり、屁理屈になったりする。それができるのは、ある種の思考力によるのだろう。だが、そこでは勝ち負けが問題なので、素早く反応することが重要になり、じっくり考える時間がない。自分の立場を変えると〝負け〟になってしまうので、自由にものが考えられない。

それに対して哲学対話では、そうした余計な配慮をせずに、考えることに集中できるので、じっくり時間をとって発言することができる。

そのせいか、哲学対話では普段よくしゃべる人は口数が減り、黙って聞いている時間が増える。逆に、普段あまりしゃべらない人は、よく話すようになる。

学校で対話をすると、対話が終わった後、先生が「あの子、普段はあんまり発言しないんですけどね、あんなに自分の意見を言うの、はじめて見ました」と言うことがよくある。しかもそういう子は、ただ発言量がいつもより多かっただけではなく、他の人とは違う個性的な意見を言ったり、議論の前提を問うような根本的な指摘をしたりすることが多い。

普段から話し慣れているかどうかと、対話においてしっかり自分の考えを語れるかどうかは、直接関係ないようだ。あるいは、どちらかというと、逆の関係にあるのかもしれない。すなわち、普段話をしない子のほうが、心の中でじっくり時間をかけて自分と対話しており、哲学対話ではそれが表に出てきていると考えられる。

いずれにせよ、話が得意な人も不得意な人も、普段から自分の考えを語ることができているわけではない。だが哲学対話を通してであれば、自分に足りないものを手に入れて、それができるようになるのである。

いろんな人と対話する

対話の相手となる〝他者〟とは、たんに自分以外の人ではなく、自分とは異なる人――異なる年齢、世代、性別、職業、境遇の人たち――を指している。

そのような他者と語るのは、容易なことではない。同じ日本語を話していても、身分や立場、境遇や経歴が違っていれば、身につけている知識も使っている語彙も大きく異なっているからである。

そうなると話をするさい、普段当たり前のように何気なく使っている言葉がどういう意味なのか、自分がいったいどういうことを考えているのか、あらためて考えなければいけなくなる。

その時に役立つのが、第1章で説明した「知識ではなく、自分の経験にそくして話す」という哲学対話のルールである。参加者一人一人に特別な思考力や哲学的資質がなくても、このルールがあれば、多様な人がいることで、対話は難しくなるよりはむしろ、考えを深めたり広げたりしやすくなる。

そこでは、〇〇の専門家、〇〇の業界の人、〇〇の世代の人のような、何らかの集団の一人としてではなく、自分自身として語れるようになる。そして、借り物ではない自分の言葉を手に入れ、他者とちゃんとつながれるようになる。それは、自分で意味がきちんと分かっていて、自分で実感できる、身の丈に合った言葉である。そのような言葉であれば、相手がどんなに自分と違っていても、遠慮も手加減もすることなく、お互いを理解することができる。

私自身がそれを実感したのは、高齢者のコミュニティで哲学対話をした時である。そのコミュニティでは、月1回哲学対話を行う機会があり、私以外に若い学生たちも交えて、いろんなテーマで話をした。

いささか失礼な話だが、それまで私は、高齢者と話をするのは、お互い気をつかって表面的なやり取りしかできず、面倒くさくて面白くないものだと思っていた。ところが哲学対話では、年配の人も学生も私も、初対面の時からお互いとくに気をつかうわけでもなく楽しむことができた。

若い人も年配の人も、お互い分からないことがあれば、気兼ねなく質問し、丁寧に答えていた。違いが浮き彫りになっても、それはけっして世代間ギャップのようなものではなく、驚いたり感心したりして、お互いに新たな発見をし、自分を見つめ直すきっかけとなった。

世代がまったく違う人との対話がこれほど楽しく充実したものだとは、それまで想像すらできなかった。おそらくその場にいた年配の人も学生も、そう感じていたにちがいない。

また、私たちは、日常生活の中で、人のことを時に(しばしば?)「こいつはバカか?」とか「何言ってんだ?」とか「何この人?」と思う。

ところが、哲学対話をしていると、老若男女、世の中に本当にバカな人、訳の分からない人はいないという気がしてくる。おそらく、お互いに評価も否定もせずに、自ら考えたことを自分の言葉で率直に語っていれば、おのずと相応の質の思考になり、それを伝えられるのだろう。

それに対話が終わった後、順に感想を言ってもらうと、ごく普通のおばちゃんやおじちゃん、若者や子どもが、突然深い〝哲学的な〟ことを言う。べつに気取ったり無理をしたりしているわけではなく、自然に口をついて出てきたという感じである。

どうやら哲学対話は、人をおのずと哲学的にしてくれるらしい。

子どもと対話する意義

他者と対話するという点で言うと、子どもが参加するのは、それだけで哲学的に考え、語るのを助けてくれる。

「子どものための哲学」は、もともと学校での教育手法として生まれたので、子どものためにはなっても、さほど大人のためにはならないと思われがちである。だから、子どもが対話に入ると、レベルが低くなるとか、厳密さがなくなり、子ども好きでもないかぎり、大人にとっては退屈、得るものがないと言われたりする。

しかし「子ども」とは、要するに、大人の世界の外部もしくは周縁部にいるまさに〝他なる者〟であり、この格別な他者と話すことは、それだけで対話を哲学的にしうる。

まず、子どもは大人にとって〝当たり前〟のことに疑問を投げかけてくる。それは大人の世界では、〝常識〟と言われ、考えたり行動したりする時の大前提になっていることである。子どもは、ある意味〝未熟〟であるがゆえに、それが分からない。だから、何を言ってもいい、何を聞いてもいい哲学対話の場になると、子どもたちはしばしばそうした常識に問いを向けてくる。それに応答するのは、大人にとって大きな挑戦となる。

そこで大人は、自分たちには当たり前のことを、なぜそうなっているのか、なぜそれが正しいとか大事だと思っているのか、あらためて考えなければいけなくなる。そしていざ考えてみると、理由がよく分からなかったり、実際には正しいとか大事とは言えなかったりすることに気づくことも多い。

また、子ども——とくに小学生以下——を相手に話す時は、自分が使う言葉についておのずと意識的になる。専門用語はもちろんのこと、大人が普段使っている言葉の大半が使えなくなるからだ。

そのため自分が言おうとすることの意味をあらためて考え、自分が理解している（と思っている）ことを確かめなければいけない。それを子どもでも分かるようなやさしい表現で話さなければいけなくなる。そのさいたしかに厳密さは犠牲になるだろうが、言わんとすることの核心が何かは、むしろはっきりする。

だから実際には、子どもが対話に参加すると、大人にとって哲学的な体験をする時間になりやすい。物事をより深く理解し、それを通して自分自身の考えがより明確な形をとるようになる。そうやって子どもと対話ができれば、おそらくどんなに立場や境遇が違う他者でも、相手をきちんと意識して話せるようになるはずだ。

相手を意識して話すという点で言うと、ひたすら自分の意見を言いたがる人——一般には中高年の男性に多いイメージがある——や、やたらと話が長い人も、哲学対話では話す量も回数も減り、人の話を聞くようになる。やはり目の前に自分とは異なる他者がいて、自分のほうを見つめて黙って聞いていると、否応なく相手のことに注意が向くのだろう。

ましてそこに子どもがいれば、いつも通り一人でベラベラ話していいとはなかなか思わないにちがいない。最初は相変わらず話が止まらない人もいる。子どもや若者がいれば、説教口調で煙たがられたりもする。しかし多くの人は、間もなく人の話を静かに聞くように変わっていく。

子どもと対話する「子どものための哲学」は、やはり「みんなのための哲学」でもあるのだ。

誰でも考えを語れるようになる

とはいえ、対話をしているだけで、ちゃんと話せるようになるのか、という疑念をもつ人もいるだろう。

自分の考えを話すというのは、多くの大人にとっても容易ではなく、もっと特別な訓練が必要なのではないか。子どもが対話に参加しても、彼らはちゃんと話せるのか。子どもたちが自分の意見をきちんと言えるようになるのは、かなり難しいと思っている人は多いだろう。

実際、学校では普通、子どもに何か質問しても、元気な子を除けば、なかなか答えない。あるいは、せいぜい単語で答えるだけで、多くは黙っているか、「分かりません」と言うか、自信なさげにボソボソ答える。

ところが――これは私自身、いまだに驚くのだが――哲学対話では、最初からかなりのことができる。

たとえば、小学校で哲学対話を行って、子どもたちにある質問――たとえば「早く大人になりたいか」――をして、答えとその理由を言ってもらう。すると子どもたちは、「私は○○と思います。なぜなら○○だからです。」と、理由も含めて、きちんと文章で堂々と、それも文末のマルまでしっかり話す。

しかもなぜか「ですます調」である。対話を始めるまでは、タメ口でなれなれしいしゃべり方をしていた子たちが、対話になると、突然このような話し方をする。その場で見ていた先生は、普段とのあまりの違いにびっくりする。

マンションのコミュニティで対話イベントをした時も同様だった。5歳の女の子が、堂々と自分の考えを「ですます調」で話していた。いっしょに参加していた父親は、幼い愛娘が人前でしっかり自分の意見を言うのを見て、驚愕していた。

学校で通常こうならないのは、やはり子どもが「正しいこと」「よいこと」「先生の意に沿うこと」が何かを気にして話すからだろう。そのせいで、自分の考えを言うよりも、人が期待することを言おうとして、慎重にもなるし、何も話さないほうが無難だと思ったりする。しかし哲学対話では、「何を言ってもいい」と言われる。評価されたりダメ出しされたりしない。だから自分の意見を率直に、自信をもって、最後まで言えるのだろう。

また、きちんとした話し方をするのには、おそらく別の理由があると思われる。哲学対話では、お互いが向き合っていて、ちゃんと自分の話を聞いてくれていると実感できる。だから、子どもであっても、そこにいる生身の他者に向かって、きちんとした言葉で語らなければいけないと思うのだろう。

もちろん人によって、話す量に差はある。哲学対話では「発言せず、ただ聞いているだけでもいい」ので、黙っているのが悪いわけではない。ただ、「語る」ということに限って言えば、最初からよく話せる人と話せない人がいる。それでも、対話の経験を積んでいけば、子どもであってもほとんどみんな自分の考えをきちんと言葉にできるようになる。

かならずしも対話の間に話さなくてもいい。学校などでは、終わった後に自分が考えたことを紙に書かせたりするのだが、黙っていた人ほど、たくさん書くことも多い。また、そこに子どもが書くことは、回を重ねるごとに、分量も増え、質的にもしっかりしたものになっていく。

このように対話を通して、どのように話せばいいのか、何がよりよい話し方なのかを他の人から学び、身につけていける。そういう意味で、大人にとっても子どもにとっても、いろんな年齢、世代、職業、境遇の人と対話をすることは、自分の考えを言葉で表現できるようになるための、もっとも確実な近道なのである。

3　語ることと聞くこと

人の話は聞いていない？

対話型の哲学では、「語る」が欠かせないが、語ることは、当然のことながら、「聞く」と対になっている。ここからさらに、「考えること」にとって、「聞くこと」がいかに特別な意味をもっているかが明らかになる。

語られた言葉は、聞かれることで受け止められ、はじめて意味をなす。表に出てこない言葉は、はっきりした形にならない。相手もなく発せられる独白のような、誰にも受け止められない言葉は、結局ただ自分の中でグルグル回り、あてもなく宙に漂う。漠然とした思いにとどまり、確かな形をとらない。あるいはただ吐き出され、あたりに散らばる。

では「聞く」とは、どういうことなのか。

そんなことは、人と話している時、いつもやっていることではないか、何をあらためて問題にするのか、と思うかもしれない。だが私自身、哲学対話をやって、「聞く」ということがどういうことか、はじめて分かった気がする。それは、普段私たちが「聞いている」と思ってやっているのとは、かなり違う。

感覚的にいちばん分かりやすい違いは、対話をして人の話をじっくり聞くと、とにかく疲れるということだ。話が退屈だったわけでも、難しかったわけでもない。むしろ対話はたいてい面白い。ワクワクする瞬間、目の前がパァーッと開ける瞬間、感激する瞬間がある。だから不快感はないし、何かを我慢したわけでもない。なのに、かなり消耗する。

自分もいっぱい考えたから疲れたという面もあるかもしれない。だが、基本的に聞き役に回っていただけの時でさえ、いや、どちらかというと、そういう時のほうが疲れる。時にぐったりするほど疲れる。

どんなに難しい話を聞いても、退屈な話を聞いても、こんな疲れ方はしない。じっくりしっかり聞くことじたい、集中力なり注意力なり、相当な精神的努力を要することなのだろう。だから私は体の感覚として――哲学とは体で感じるものだ！――、哲学対話における「聞く」は、けっして日常的なものではなく、かなり特殊なものだと思っている。そしてこれが特殊でありながら、より深い意味で「聞く」ということだとすれば、日常的に私たちは、人の話をちゃんと聞いてはいないのだ。実際、哲学対話を体験すると、「普段人の話って全然聞いてなかったんですねぇ」としみじみ言う人が少なくない。

いやいや、そんなことはない、私はちゃんと人の話を聞いてるよ、と言いたい人もいるだろう。もちろん普段友だちとおしゃべりをしたり、仕事で議論をしたりしている時、私たちは相手の話に応答はしている。話を聞いていなければ、まともに受け答えなんてできない。それに世の中には、とくに応答せずとも、じっと聞いて相づちを打つだけのいわゆる「聞き上手」な人がいる。

人間どうしのコミュニケーションは、つねにこういう「話す」―「聞く」という関係として成り立っている。そんなことは、日常生活の中で、じゅうぶんやっている。けれど経験上、対話の時にしている「聞く」は、明らかに普段と違うのだ。この違いは、いったい何なのか。

「受け入れる」ではなく「受け止める」

第1章で述べたように、哲学対話のルールに「否定的な態度をとらない」というのがある。さらに対話のさいには、コミュニティボールを使う。それをもっている人だけが話し、それ以外の人は黙って聞くことになっている。話したければ、手をあげてボールを受け取ってから話す（これについては第4章で詳しく説明する）。

こういうふうに対話をしてみると、お互いの話を聞きながら、相手の言葉をただ「受け止める」という態度があることが分かる。「受け入れる」ではなく、「受け止める」である。そうしてはじめて、その人の言っていることをちゃんと聞くようになる。

それに対して普段は、相手の言うことを聞きながら、たえずいいとか悪いとか判断し、それに反応しようと身構えている。肯定するか否定するか、受け入れるか拒絶するか、共感か反感か、自分の防御か相手への攻撃か——それは反応として的確であったりなかったりするだろうが、いずれにせよ頭の中では、自分が言いたいことが駆け巡っている。

そうなると、相手の言っていることを表面的には聞いていても、その言葉を受け止めてはいない。むしろ受けた瞬間、打ち返したり避けたり拒んだりしている。あるいは、たんに心ここにあらず、目の前の人が自分に向けてしゃべっていても、ただ聞き流していたりする。

それでも何となく、会話は成り立つ。むしろそれこそが「言葉のキャッチボール」なのかもしれない。また、「ちゃんと聞いてくれてないな」と思うことはあっても、いちいち気にはしない。それもまた、ありふれたことだ。

そう、私たちは意外に人の話を聞いていないのだ。そしてもし、「語ること」が「聞かれること」を前提とするのであれば、聞かれていないところでは、語ることも実は成り立っていないのではないか。だとしたら、「語る」と「聞く」は、どのような関係にあるのか。

「理解する」ではなく「受け止める」

「相手の言葉を受け止める」というと、しっかり聞いてしっかり理解するという意味だと思うかもしれない。それに人の話を聞くのは、その人を理解するためだと考える人も多いだろう。

たしかにそういう面はある。さもなければ、そもそもコミュニケーションが成り立たない。理解しようと思うから、しっかり聞く。だから聞く側からすれば、理解することと聞くことは、セットでないといけないはずである。

けれども、ここにも落とし穴がある。

私たちは普段、簡単に他人のことを理解するとか、思いやるとか言う。とくに「思いやり」というのは、世の中で絶対的な善であり要請である。思いやりのある人はいい人であり、思いやりのない人は悪い人である。思いやりがあるためには、他人のことが理解できないといけない。そうして人とのコミュニケーションにおける想像力の重要性が説かれ、その一方で、想像力の乏しさを嘆く声が聞かれる。

そのせいだろう。私たちは、相手の言うことを聞いて、あまりにも安易に理解した気になっていないだろうか。軽く「あ、それ、ワカルワカル!」と、すぐ共感する人。あるいは「なるほど、よく分かりました」と言って、間髪を容れずに話を続けながら、ピントがズレている人。「あなたが言いたいのって、こういうことでしょ」と言わんばかりに(実際に言うこともある)、勘違いをしている人。「そうだよね」と言いながら、結局自分の話ばかりする人。

そんな時、「そんなこと言ってねーよ!」と思うこともあるし、お人よしなら「そうかな」と思って納得しつつ、どこか釈然としない気持ちになる。ちゃんと伝わったか、確認するのも面倒なので、「うん、まあ、そんな感じかな」ですませる。

こういう時、私たちは本当に相手の言うことを聞いているのだろうか。自分に都合よく解釈して、自分が「この人はきっとこう考えているにちがいない」という思いを押しつけているだけではないか。

物分かりがよさそうな人や思いやりに満ちているように見える人に限って、むしろ押しつけがましく、独りよがりなことはないだろうか。相手のことを考え、想像力をたくましくした結果、それが勝手な思い込みになっていないか。

もちろん、私たちがお互いを正確に理解することなど、きわめて難しいし、たぶん不可能だろう。「人間どうしは、しょせん分かり合えないんだ」と、開き直りたくなる。けれども、ここではそういう身も蓋もない原則論が問題なのではない。理解することに正確さや完璧さを求めれば、そんなことは無理に決まっている。

そうではなく、相手を理解するということが先に立つと意外に聞けず、理解できなければ、意識的か否かにかかわらず、拒絶ないし無視することにつながりやすい。だから「聞く」ことを、理解することから切り離したほうがいい。

むしろ重要なのは、ただ「受け止める」ことだ。そのさい「受け入れる」必要はない。受け入れれば、拒絶したくなるかもしれない。あるいは、受け入れてしまうと、分かった気になったり、相手と距離がとれずに一体化してしまったりするかもしれない。いずれの状態も「聞く」こと、ただ「受け止める」ことの妨げになりかねない。

聞くことは場を共有すること

理解もせず、受け入れもせず、ただ受け止めることの意義は、以下のような事例を見るとよく分かる。

アルコールや薬物への依存症を抱える女性たちをサポートする「ダルク女性ハウス」で行われているミーティングには、「言いっぱなし聞きっぱなし」という独特のルールがある——話をする人は最初に「○○です」と名乗り、その場にいる他の参加者は「○○〜」と名前をおうむ返しする。そして話し終わった時には、司会者が「ありがとうございました」と言う。その間、参加者は話している人の顔は見ず、相づちも打たない。好きなところで思い思いの姿勢をとって、ただ聞いている（かどうか定かではないが）だけ、というものだ。

普通に考えれば、顔も見ず、相づちも打たないのは、相手の話をきちんと聞いていないことになる。けれども、アルコールや薬物に依存している人は、子どものころ（大人になってからも）虐待を受けていたことが多いという。何かしゃべれば暴力を振るわれる。あるいは、自分の言うことは聞いてもらえず、無視される。親がつねにイライラピリピリしていて、何か言えば怒鳴られる。

こういう環境で育った人は、話すことに極端に慎重、臆病になる。自分の思っていることを口にしていいという基本的な信頼感、安心感がない。そういう人にとっては、相手がどんな人かにかかわらず、どんな反応をされるかにかかわらず、他の人が自分の話にどう反応するのか、つねに気になる。

ただ話を聞いてうなずくだけの場合でも、うなずかないこともあるなら、人からうなずいてもらえる話でなければいけないのではないかという思いに駆られるだろう。相手のちょっとした表情、しぐさも気になる。その場の〝空気を読む〟必要も出てくる。

こうした、一般の人であれば、それほど苦労せずにできることが、依存症の人には、きわめて難しいという。いろいろと気にしているうちに、何をどう話していいか分からなくなってしまう。

むしろ、ただその場にいて、ちゃんと聞いていてくれること——話す人の名前をそのまま言い返す、最後に「ありがとうございました」と言ってくれる——が分かっていればじゅうぶんだ。相手が反応しないと決まっていれば、そのほうがむしろ安心して話すことに集中できるだろう。

それに、そもそもその場にいる他の人たちは、ちゃんと聞いているかどうかすら、本当のところ分からない。それでもいいのだとすれば、「聞くこと」において本質的なことは、音声となった言葉を受け止める以前に、その人のためにその場にいて、その人の存在をそのまま受け止めることだ。端的に言えば、場を共有することなのである。

言葉以前の対話的関係

もし「聞くこと」が、音として発せられた言葉を受け止めることではなく、より根本的には、場を共有すること、その場で相手の存在を受け止めることだとすれば、「話す」―「聞く」という対話的関係――そこには「問う」―「考える」も含まれる――は、言葉のやり取り以前の関係によって支えられていることになる。実際それは、言葉を話し始めるはるか以前、生まれた直後から始まる。

赤ん坊は「アーアー」とか「ウーウー」というまだ言葉にならない声を発する。母親をはじめ周囲の人たちは、それに言葉と共に応え、微笑みかけたり、あやしたりする。泣き声をあげれば、母親なら乳をあげたり抱っこしたりしてなだめる。

そのさい赤ん坊はけっして無力で受動的なわけではない。その表情やしぐさ、声によって強烈に大人を引きつけ、振り回す力をもっている。その強さは、大人の生活を子ども中心に変えてしまうほどだ。

赤ん坊との関係は、言葉の面では一方的であり、対等ではないが、何らかの意味を帯びたメッセージのやり取り、身体的な関係としては双方向的である。試行錯誤をしているうちに、言葉のうえでは不明瞭であっても、意思の疎通は次第にスムーズにいくようになる。言語を習得するプロセスとして見た場合、そうしたやり取りを通して、子どもと大人との間で意味が生まれてくる。

たとえば、子育て中の親（とくに母親）であれば、泣き声のわずかな違いで、赤ん坊が何を求めているのかを識別する。また言葉を覚えていく間、子どもはつたなく不明瞭なしゃべり方しかせず、他人が聞いてもほとんど理解できないが、いつもいっしょにいる親は、それを正確に理解し、会話をする。

このような対話的関係は、どの時点から互いに言葉を介した「話す」―「聞く」という関係になると見なせるのか、境界をはっきりさせるのは難しいだろう。むしろ「話す」―「聞く」というのを、意味の表出と受容として理解するなら、それは言語の習得以前から、人と人との関係であれば、つねに何らかの形で起きていると考えられる。

こうしたことから、対話的関係がたんに言語レベルで成立しているわけではないことが分かる。なかでも身体や感情のレベルのつながりは、言語以前と言っても言語以上と言ってもいい深さと広がりをもっている。

実際、言葉が話せる者どうしのコミュニケーションであっても、それはたんなる情報の受け渡しではない。とりわけ直接話し、聞く場面であれば、言葉のやり取りは、身振り手振り、表情や眼差しの交わりなどの身体的なレベルでのやり取りと切り離せない。

笑顔でうなずきながら聞いてくれる相手には、勢いづいてどんどんしゃべってしまう。逆に反応が悪く、退屈そうな表情をしていると、話すほうは戸惑い、緊張し、やがて話す気力がなえてくる。

その場の「雰囲気」も大切である。厳かな式典や緊迫した会議の場では、静かにゆっくり言葉を選んでしゃべらないといけない。和やかな歓談の場や陽気なパーティーでは、冗談交じりで気楽におしゃべりできる。

こうした自分の体で感じられるつながり、その揺れや肌理《きめ》は、その場にいてはじめて共有できるものである。電話のような音声だけのやり取りや、手紙やメールのような文字だけのやり取りでは、そうした身体感覚は格段に弱くなる。

また、その場にいれば、沈黙ですらある種のコミュニケーションとなるし、言葉以上の饒舌《じょうぜつ》さをもつこともある。それは、深い満足感を表していたり、うんざりするような不満を示していたりする。困惑や緊張を引き起こすかもしれないし、安堵をもたらすかもしれない。

このような言葉以前の、あるいは言葉を超えたつながりに支えられた対話的関係は、体ではっきり感じ取ることができる。その根底には、先に述べたように「場を共有し、相手の存在を受け止める」という意味での「聞く」がある。その時々のコミュニケーションも、そうした身体や感情のレベルでのつながりが根底にあって、それに支えられているのである。

第4章 哲学対話の実践

ここまでは哲学対話の理念と意義、体験と方法について述べてきた。だが、やはり哲学対話は、実際に自分でやってみなければ、どういうものなのか分からない。そこでこの章では、哲学対話の実践法――何のためにどういう人とするのか、どのように場を作るのか、どうやって進めていくのか――を詳しく説明していこう。

ただしここでは、哲学対話を「哲学」の一形態として捉えず、どうすれば哲学的になるかには、あまり重きを置かない。むしろ「対話」の一種、話し合いの方法として位置づけ、その観点から具体的なノウハウ、注意点、コツを書いていくことにする。そのほうが本書で書いてきた哲学の体験もしやすいはずだ。

基本的には、自分が企画や主催をするか、進行役（最近ではファシリテーターとも言われる）をするという状況を想定している。これさえ読めば大丈夫！と断言するつもりはないが、ここに書かれている通りにやれば、それなりにできるはずだ。

そうはいっても、経験のない人や浅い人はやはり不安だろう。実際、対話の場を自分で作りたい人や、進行役をはじめてする人にやり方を説明すると、しばしば「私でもうまくいきますか？」と聞かれる。そういう時、私はいつもこう答えている――「いえ、うまくいかないと思います。何百回とやってきた私でもうまくいかないことがあるんです。だからはじめてやってうまくいくはずがありません。でも、うまくいかなくていいと思ってやれば、けっこううまくいきます」。

はじめから自分でハードルを上げずに、気楽にやればいい。あとは何度もやって経験を積んでいくだけだ。

1　用途と参加者

哲学対話の用途

哲学対話に対してよく言われるのは、結論も出さず、目的もなく話し合いをすることに、いったいどのような意味があるのか、という疑問である。学校の授業で行うにしても、何を学んでいるか分からないから、授業として成立しないのではないかといった心配をされる。会社でも、そんな悠長なことをやっている余裕はないと言われる。

こうした意見はよく分かる。たしかに通常、話し合いをする時には明確な目的があり、それに沿って何らかの結論を出す。出ないこともあるが、出すことを目指すのが当然だ。そのような〝常識〞からすると、哲学対話は通常の話し合いとはかなり違っている。

だから哲学対話の〝用途〞――どういう時に、何のために哲学対話をやるのが有意義なのか

――をきちんと理解しておいたほうがいい。さもないと、せっかくよかれと思ってやっても、「やったって仕方ない」とか「何の意味があるのか」という反応が出てしまう。

優れた進行役がやっても、そういう反応が出ることはあるので、そのことじたいは問題ではない。だが、そのような反応に対して、自分自身のスタンスがしっかりしておらず、自分のやっていること、やり方にある程度でも自信がないと、続けていこうとする気持ちがしぼんでしまう。どのようにやっていけばいいのか、どんなことに気をつけるべきなのか、大まかな方針と趣旨だけでも知っておくと心強い。

そこでまず用途、哲学対話がどういう場合に向いているのかをあげておこう。

・とくに結論を出さずに、いろんな意見や情報を共有したい時
・とりあえず問題やテーマに関心をもってほしい時
・相互理解を深め、人間関係の土台を作りたい時
・いろんな人（年齢、性別、職業、立場等が違う人たち）と話す時

〝用途〟としては、さしあたり以上のように言える。逆に、とにかく結論を出さなければいけない時、誰が／何が正しいかをはっきりさせないといけないような時、哲学対話はあまり有効ではないだろう。

とはいえ、話し合いで結論を出すことを当然のように思うのは、間違っている。

そもそも何を言ってもいい機会をまったくもたず、お互いの意見を受け止め合った経験もなく、些細なことであれ、一つのテーマについてじっくりみんなで考え、話したこともないのに、組織やコミュニティにとって重要な決定をするなど、本来できるはずがない。この当たり前すぎることが、一般にはあまりにも理解されていない。

人間関係を作ることの大切さ

世の中ではほとんどのところで、些細なことでもきちんと話ができず、その土台となるような人間関係もないのに、いきなり重要な案件を話し合い、結論を出そうとする。そして多数決をしたり、発言力のある人に引きずられたり、あるいはそういう人に無責任に委ねて物事を決めてしまう。そうすると、とりあえず結論は出るのだが、実際には納得していない人も多く、その人たちは、その後も積極的に協力はせず、しぶしぶ追従するか、無関心なまま関わろうとしない。

また一般の話し合いにおいては、「あいつが言うなら反対しよう」とか「あの人に味方しなきゃ」というふうに、中身の是非よりも、人間関係が結論に影響を及ぼすことも少なくない。そのような場合、何かを決めたとしても、軋轢《あつれき》や確執、なれ合いが生じて結局うまくいかない。それでまたやり直す羽目になれば、かえって遠回りになってしまう。

一方、対話によってあらかじめ人間関係ができていれば、みんながより納得する議論をしたうえで結論を出しやすくなる。そうすれば、距離をとったりしぶしぶ譲歩したりするのではなく、誰もが何らかの意味で自分事として受け止め、前向きに行動を共にしてくれる。長期的に見ると、よりよい結果に至るには、こちらのほうがずっと近道なのではないかと思う。それを顕著に示す事例をいくつかあげておこう。

〈学校〉

学校で哲学対話を実践している知人の先生から聞いた話だが、いじめについて対話をしていた時、生徒の側から「人がいじめられているのを見るとなぜ笑うのか」という問いが出てきた。それについて話をしているうちに、結局みんな周りに合わせて笑っていただけで、誰も面白いとは思っていなかったということが分かった。その後、いじめを見てもみんな笑わなくなり、なかにはいじめている人に対して「そういうことするのやめなよ」と言う人が出てきた。それでいじめは次第になくなっていったという。

いじめをなくすために、学校ではいろんな話をする。いじめはいけない、いじめられる人の気持ちを考えよう、先生に相談しよう、目撃したら報告しよう……そうやっていろんな決め事をする。しかし先生がいくら教えても、当事者たちにあの手この手で対処しても、いじめはなくならない。だから教師も生徒もあきらめる。いじめをなくすなんて無理だ、と。

けれども、生徒たちが目的を決めずに、結論を出すわけでもなく、自発的に出した問いについて話して、お互いの思いや疑問を共有する。その結果、いじめをなくすという、通常きわめて困難な目標が、特別な努力なしでおのずと達成されたのである。

〈会社〉

ある大手企業の部長が部下と定期的に哲学対話をするようになった。彼らが最初に出した問いを毎回一つずつ取り上げ、話をしていく。なかでも「好きなご飯のお供は何か?」について話した時は、ことのほか盛り上がったという。

対話じたいはとくに哲学的な深みや広がりはなかったかもしれない。だが、このような些細な、誰でも参加できる話題で、1時間じっくり話ができるというのは、つねに是非が問われ、優劣や上下の関係でなされる仕事の話と違って、楽しく開放的であろう。

部下たちは、対話の時間を毎回楽しみにするようになり、部長が忙しくて「今日はやめよう」と言ったら却下され、対話せざるをえなくなったという。それほどまでに、上司や同僚と仕事以外で話がしたかったらしい。普通に考えれば、奇妙なことだろう。

こうなると普段の会話にまで影響が及ぶにちがいない。仕事の合間でも、最近おいしい漬物を見つけたという話題で、同僚どうしや上司と部下が話すこともあるかもしれない。部下にとっては、偉くて近寄りがたいと思っていた上司と意外な共通点が見つかり、親しみを感じる。上司のほうは、頼りないと思っていた部下が意外に深く物事を考えていることに気づく。そうなれば、仕事の面だけで上司を恐れたり恨んだり、部下を叱ったり軽く見たりすることもなくなる。

こうして一見〝無駄話〟のように見える対話によって、職場の人間関係は確実に変わっていく。そうすれば、仕事のために必要な話し合いも、ずっと実のあるものになるにちがいない。それで業績が上がったとしても、何ら不思議はない。

〈地域コミュニティ〉

過疎地の町おこしの話し合いでも、同じようなことが起きる。通常の話し合いは、〝長老〟と呼ばれるような人が大きな権限をもっていて、若い人が何か言っても受け入れてもらえない。また女性はそもそも話し合いの場にいない。いろんな人が対等に話せるような場はもともとなく、作ろうと思ってもなかなか作れないのが現状である。

そのようなところで哲学対話を行うと、通常はいっしょに話をしない年齢も性別も違う人たちがお互いに意見を言い、耳を傾ける。そうしていろんな人たちが答えを求めずに、いろんな角度から考えて話していく。すると、もともと課題だと思って議論していたことが実はそうではなく、問題は別のところにあることが分かったということもよくある。

いつも通りの話し合いで結論を出しても、問題が解決することはなく、かえって紛糾したかもしれない。それが対話をすることで、当初の問題は解決する代わりに解消し、より適切な課題が見つかるのである。

もちろんどこでやるにせよ、いつでもこのようにうまくいくわけではない。だがこうした例は、結論を出すこと以前に、何が大切なのかを教えてくれる——問題に関するそれぞれの立場、考えを互いに理解し尊重し、みんなで共有すること、その前にまずはいっしょに課題に取り組む人間関係を作ること——哲学対話にはその力がある。

結論を出す話し合いも、人間関係がしっかりできてはじめて、その本来の目的を達するにちがいない。それどころか、対話をすることは、短絡的に中途半端な結論を出す話し合いより、問題解決のためにより確実で早い方法かもしれないのだ。

参加者の多様性

第1章の「いろんな人と話す」のところで書いたように、哲学対話は多様な人たちが参加することでより哲学的になる。逆に、いろんな人が集まるところで話し合いをするには、哲学対話のスタイルで行うのがいい。そうすれば、今まで話が通じないと思っていた者どうしが、境遇や経歴、年齢や職業、性別等のギャップを超えて、自然に話ができるようになる。

とはいえ、通常の話し合いは、とくに意識しないと、おのずと似たような人たちが集まる。だから、対話の場を設ける時には、異なる種類の人が参加するよう意図的に配慮する必要がある。

若い人の話し合いの場に、年配の人に参加してもらう。あるいは逆に高齢者の集まりに、若い人を呼ぶ。大人の対話に子どもが入り、子どもの対話に大人が入るようにする。そうすれば、双方にとってより有意義な対話になる。

場合によっては、もっと思い切ったことをするといい。普通はそこにいない人に、あえて来てもらうのである。以下、例として子育てサークル、学校、婚活パーティーについて述べよう。

普通はいない人を入れる

〈子育てサークル〉

哲学対話は、もともと子どものためのものなので、子育てサークルでの需要が多い。そして実際に自分たちで哲学カフェを始めるお母さんもけっこういる。

そのような場で子どもどうしが話をする時でも、いろんな年齢の子が交ざるようにするといい。普通は幼稚園の子どもと小学生、中学生がいっしょに話せるとは思えないが、哲学対話ではじゅうぶん可能である。

また、子どものためにやっているうちに、子どもではなく自分たちのために対話をしたくなるお母さんも少なくない。

一般的に子育てサークルというのは、悩み相談（あるいはいろんな愚痴）とアドバイスが主体である。ただし、悩みや疑問があるようで、実際に求められているのは、ほとんどの場合、〝共感〟であって、問うて考えることではない。だから普通の子育てサークルでは、哲学対話のようなものが求められることはないし、下手をすれば、反発を呼ぶかもしれない。

他方で、そうやってひたすら〝共感〟だけをする場に、息苦しさを感じるお母さんも多いようだ。そんな彼女たちにとって哲学対話は、日々の疑問に向き合い、他の人とオープンに話ができる貴重な時間となる。

もっともそれは通常、お母さんだけで行われ、多様性に乏しい。だから時にはお父さんにも来てもらったり、子育てが終わった年配の人、未婚既婚を問わず他の男の人、男女問わず若者、中高生や大学生に来てもらったりするといい。

夫婦の間で普段しない話をして、お互いの意外な面を知って理解を深め、関係をよくするきっかけにもなるだろう（逆に関係が悪化するのではと心配するかもしれないが、たいていの場合そうはならない）。お母さんたち自身、対話を通して自分のことをいろんな人に分かってもらったり、自分をいつもとは違った視点から見つめ直したりできる。

それだけではない。子育てがどういうものか、お母さんたちがどんなことを考え、悩んでいるのかを知るのは、どんな人にとっても非常に有益である。

母親というのは、（とくに子育てに専念している場合）社会との接点が少なく、世間知らずであるように思われがちだが、哲学対話ではまったく違う印象を受ける。子どものことばかりでなく、社会のこと、将来のこと、自分の人生のこと、実にいろんなことを考えている。しかも地に足がしっかりついていて、抱えている問題も――些細に見えたとしても――とても切実である。問いが切実であればあるほど、対話は深いものになる。

私自身、お母さんとの対話がいちばん啓発される。母親というのは、存在じたいが哲学的であり、誰にとっても優れた対話のパートナーである。だから、子育てサークルは哲学対話に向いた場であり、お母さんだけでなく、老若男女いろんな人に来てもらえば、参加したみんなにとって充実した時間となる。

〈学校〉

学校での哲学対話は、子どものためにやっていると思われるため、たいていは生徒だけで行い、先生は参加しようとしない。遠巻きに見ていて、時おり近づいてきて生徒の発言に聞き耳を立てるだけだ。私がその場で参加するように促しても、断る人が多い。

一般に学校では、大半の教師が哲学対話には否定的ないし消極的である。生徒の好きなようにしゃべらせて、何を教えているのか分からない、結局どういう成果があるのかも分からないと思っているようだ（学校における哲学対話の意義については、第2章の「何のための哲学対話か？」で述べた通り）。

だからそんな訳の分からないものに参加する気にはなれない。あるいは、普段は教壇に立って、〝上から〟話をしているため、急に生徒と同じ輪に入って、対等に話すのが怖いのかもしれない。いずれにせよ、興味をもって参加する先生は少数派である。

しかし、せっかく学校で行うなら、先生も対話に参加したほうがいい（その場に保護者が見学に来ていたら、その人にも入ってもらえばいい）。ただしそのさい先生には、教師であることをやめて、一人の人間になるようにしてほしい（親も親としてではなく、一人の人間として参加する）。

教師というのは、なかなか教師であることをやめられず、対話の間、生徒をたしなめたり、教えようとして説教口調になったりする。そんなことをされると、対話は台無しになる。生徒は、先生の顔色をうかがい、〝正解〟があるように思って、「何を言ってもいい」場ではなくなり、いつもの授業と変わらなくなってしまう。それでは哲学対話の意味がない。

生徒と同じ目線になって、いっしょに考え、分からないことは「分からない」と言えないといけない。それは、全部分かっていて教えているはずの先生にとって、かならずしも容易ではないだろう。

だが、それを超えて生徒と対話できれば、生徒にとってだけでなく、先生にとっても学ぶことの多い時間となる。お互いにいつもとは違う姿に出会い、先生は生徒を見直し、生徒は先生を信頼するようになる。

そうして生徒どうしの関係と、教師と生徒の関係がよくなれば、クラスの雰囲気がよくなる。それは、勉強、体育祭や文化祭などクラス単位の活動、学校生活全般の確固たる基盤になる。だから、いろんな面でプラスになることはあっても、マイナスになることはけっしてない。

〈婚活パーティー〉

共に考え、語り、聞くことで相互の理解と信頼関係を築くという点で、哲学対話は婚活と非常に相性がいい。個人的には、教育や地域づくりよりも婚活に向いていると思っている。

一般に婚活では、年齢や仕事、収入、趣味、家族構成、価値観などの条件が合うかどうかを気にする。そしてパーティーで、何人かの人と一対一で短時間話をして決める。このような婚活は、ある意味では効率的で合理的なのだろう。

しかし基本的なことが抜けている。率直に話をしてお互いを理解するということだ。通常の婚活パーティーで分かるのは、人柄にしろ考え方にしろ、表面的なことだけで、本音の部分は、取り繕おうとすればいくらでもできる。

他方、パーティーの前に10〜15人くらいで哲学対話をすると、一対一で短時間話しただけではけっして出てこない、その人の内面の深いところが出てくる。そしてみんなが仲良くなる。

その後のパーティーは、とくに主催者が仕切らなくても、参加者だけでずっと楽しくしゃべっている。そうなると、相手が見つかるかどうかは二の次になる。とにかく親しくなる。おのずと（社交辞令ではなく）「また会いましょう」となったり、そのまま二次会に行ってしまったりする。結婚するために知り合うのではなく、知り合って仲良くなったその先に結婚がある――この当たり前の流れが自然に生じる。

このような場で対話をより深いものにするには、結婚相手を探していない人を入れるといい。私が熊本県の上天草市で行った市役所主催のカップリングパーティーでは、地元住民である年配の夫婦を何組か呼んだ。東京で婚活会社とコラボで行った時は、サポーターとして参加者の友だちの既婚者に来てもらった。

既婚者に来てもらうよさは、結婚した後どうなるのかについて、経験者の話が聞けることだ。未婚者は結婚に過剰な期待や心配をしていたり、まったく想像が及んでいないことがあったりする。

だから既婚者と話すことで、より具体的・現実的に結婚を考えられるようになる。また既婚者も、他の人が結婚についてどのような思いをもっているのかを知り、自分の結婚生活を振り返るいい機会になる。

こうして、共に問い、考え、語り、聞くことによって、お互いを深く理解し合うということが、恋愛にせよ結婚にせよ、パートナーを見つけるのに、何より重要であり、もっとも効果的なのだという、ごく当たり前のことに気づくのである。

このような「普通はいない人」は、放っておいたら来ないので、意識して声をかけないといけない。最初は自分が場違いなところに行くように思い、困惑したり躊躇《ちゅうちょ》したりするが、趣旨を説明して来てもらえば、絶対に喜んでもらえる。

いずれの場合も、主催者が進行役に慣れていなければ、外から慣れた人を呼んで対話じたいの進行は任せ、自分はイベント全体の準備等を行い、対話は参加者として楽しんだほうがいい。

子どもを入れる

子どもと対話する意義については、すでに第3章で述べた。子どもは、いわゆる〝常識〟が通用せず、大人が当たり前だと思っていることに疑問を投げかけてくる。だから子どもがいると、自分たちが無意識に前提にしていることを問わなければいけなくなる。

また、子どもとの対話においては、分かりやすい言葉で伝えるために、自分が普段使っている語彙の大半が使えなくなり、言葉づかいに意識的になる。すると、自分が言わんとすることが何なのかを深く考え、その核を捉えなければいけなくなる。

この二つの点で、子どもが参加すると、対話は哲学的になりやすい。

では、どれくらいの年齢の子どもから参加できるのかというと、子どもによって差はあるが、4〜5歳くらいから可能である。できれば、一人ではなく、何人かいっしょに入れるほうがいい。子どもが少なすぎると質問しづらく、大人も子どもに配慮しなくなる。

また、子どもの集中力が途切れたり、遊びたくなったりして対話の輪から出ていくのであれば、そのまま放っておけばいい。後でふと戻ってくるかもしれないし、戻ってこないかもしれないが、それはどちらでもいい。いる間に発した言葉や疑問が、かならず大人の対話を深めてくれる。

赤ん坊でもいい

そもそも子どもが参加する意義は、実際に対話に加わるかどうかではない。それどころか話ができるかどうかも重要ではない。子ども自身は、参加してもしなくても、その場にいるだけでいい。だから、お母さんは、子どもに対話を体験させるために連れてくる必要はない。たんに自分の都合だけ——子どもを預けられないなど——で子どもを連れてくればいい。

理由は二つある。

一つは、子連れで来られないと、母親という哲学的資質をもった人が参加しにくくなるからだ。赤ん坊がいるくらいでお母さんが対話できないのは、もったいない。子どもは抱いて参加すればいい。

対話中に泣いたらうるさいのではないかと心配する人、嫌がる人もいるだろう。だが、泣いたら泣いたでかまわない。3歳以上であれば、抱いている必要はなく、会場で走り回ったり遊んだりしたければ、そうさせておけばいい。たしかに泣けばうるさいし、走り回れば鬱陶しいだろうが、それだけのことである。大したことではないから、お母さんも他の人も気にせず、そのまま対話を続ければいい。

そんなことをするくらいなら、託児をつければいいのではないか。託児がないなら、やはり連れてこないほうがいいし、そのほうが母親も気兼ねしなくてすむ。いずれにせよ子どもはその場にいないほうが、落ち着いてじっくり対話できるのではないか――そう思う人もいるだろう。

だが私自身は、哲学対話に託児をつけるのは賛成できない。まず、託児は業者に頼めば（万一の時のためにそうしたほうがいい）、それなりの費用がかかるので、お金がなければ対話の場が作れない。

それ以上に、託児をつけるのは、結局子どもはいないほうがいい、子連れの母親は来ないほうがいい、という意味である。それはすべての人のために開こうとする哲学対話の精神に反する。子どもと母親という、対話を哲学的にしてくれる人を排除することになる。

子どもが泣いたり騒いだりするのは、当たり前のことだ。この当然の理《ことわり》を無視して対話をし、深いことを考えた気になるのは、欺瞞《ぎまん》にすぎない。当たり前だと思って受け入れれば、子どもが泣いても騒いでも、普通に対話できる。

お母さんのほうも、子どもが泣いたり騒いだりして、迷惑ではないかと思っても、頑張って対話の中にとどまってほしい。子どもがいるくらいで考えられなくなるなら、しょせんその程度なのであって、大した対話ではないのだ。

要は気にするかどうかの問題にすぎない。それより大事なのは、子どもがいる場で対話をするということ、そのものなのだ。

その場にいるだけでいい

もう一つの理由は子どもの存在の重要性だ。それはとくに地域コミュニティでの対話において顕著になる。

地域での会合は、「大人の話」とか「子どもには分からない」とか「子どもには関係ない」と言って、子どもを連れてこない場合が多い。もちろん子どもには退屈だろうという配慮もあろう。

しかし「大人の話」というのは、たいていの場合、お金や損得、利害対立のような問題、つまり、子どもには聞かせられないようなえげつない話ということである。「子どもには分からない」というのは嘘だ。全部は分からないかもしれないが、どんな問題でも子どもに分かるように話すことはできる。

また、「子どもには関係ない」というのも違う。子どもはそのコミュニティの立派なメンバーである。しかも20年後、30年後には、彼らが中心になっている。彼らはすでに間違いなく地域の問題の当事者なのだ。逆に、今大きな顔をして話している人たちは、30年後には引退しているか、もうこの世にはいない。将来的には当事者ではなくなっている。

地域で話し合うことは、どんなことであれ、子どもに関係している。だから、会合の場にいたほうがいい。実際に話が分かるかどうかは問題ではない。べつに子どもに合わせて、子どもが分かるように話さなくてもいい。

だが、たとえ言葉の分からない赤ん坊であったとしても、子どもを目の前にして、えげつない話はできないものだ。意地や損得で言い争うこともなくなる。子どもたちが大人になった時の未来を少しでも考えて、長期的に、冷静に考えるようになるだろう。

子どもはそこにいるだけで、その場の思考を変えることができるのである。

2　場の作り方

哲学対話を行ううえで、「場づくり」は非常に重要である。それがどれくらいできているかによって、対話がうまくいくかどうかが大きく左右される。場づくりがうまくできていれば、対話もすでに8割がたうまくいったも同然である。

逆に場づくりがうまくできていないと、進行役がいくら上手でも、いい対話をするのは難しくなる。またせっかくいろんな人が参加していても、それを生かすことができない。

全体で時間をどれだけかけるかによって、場づくりとしてどんなことをするかも変わってくる。以下、いろいろなものをあげるが、時間と好みに応じて組み合わせてやってほしい（248～249ページには、いくつかのパターーンのタイムスケジュールをのせておく）。

以下、会場の選び方、参加費、設営の仕方、参加者のグループ分け、質問ゲーム、自己紹介、問い出しと問い決め、コミュニティボールの意義と使い方について述べていこう。

会場の選び方と準備

会場の選び方

対話の場づくりでまず考えるべきことは、会場をどのようなところにするかである。会議室のように椅子があるところでは、椅子に座ってやればいいし、和室やフローリングの部屋なら床に座って行う。

場所としては、学校であれば、教室、図書室、人数が多ければ（学年全員で行う場合）体育館などがありうる。公共の場では、カフェ、会議室、地域のコミュニティセンター、公民館などがある。会場代で費用がかかると、参加費を多くとらないといけなくなるので、できるだけ安い（もしくは無料）ところを探す。

原則的には、机はなしで椅子だけで行うほうがいい。したがって机と椅子は、軽いもの、キャスター付きのものなど、動かしやすいものが置いてある部屋がいい。

カフェのように他の人も出入りする場所では、テーブルなしにすることはできないだろうが、参加者どうしがある程度向き合えるようにテーブルの配置や向きを変えられれば、そのほうがいい（したがってカフェの店長の理解と協力が不可欠である）。

かならずしも仕切られた空間でなくても、周囲の人が気にならないくらいの広さがあれば、オープンスペースのようなところでもいい。

会場の広さ

対話を一組10〜15人で行う場合、できるだけ小さく輪になって座れば、一組当たり5メートル×5メートルくらいのスペースがあればいい。二組で計20〜30人で行うなら、その2倍の広さになるが、グループとグループの間は多少距離をとるようにする。

これは対話のためのスペースであって、会場となる部屋じたいはもう少し大きいほうがいい。机を片づける場所をとっても、ある程度は余裕があるくらいの広さが必要だろう。

必要な物品

・ホワイトボードや黒板

哲学対話では、その日に話し合う問いを参加者が出して、その中から決めることが多い。そのため問いを板書し、対話のさいも出てきた意見を書き留めるのに、ホワイトボードや黒板が必要になる。ただし、板書にはメリット・デメリットの両方があるので、ないならないでかまわない（「3 対話の進め方」のところで説明する）。

また、問いを出すさいには、各自がコピー用紙に書いてお互いに見せるようにすれば、ホワイトボード等は不要である。代わりに人数分、紙を用意しておく。

・名札シール、サインペン

参加者に名札をつけてもらうなら、名札シール（もしくは印刷用の宛名シール）とサインペンを用意しておく。哲学対話では、自分が呼んでほしい名前を自由につけたりするので（「自己紹介」の項目を参照）、シールには好きな名前を書いてもらってもいい。

・コミュニティボール

哲学対話では、コミュニティボールという毛糸で作ったボールを使って対話を行うことが多い。「コミュニティボールの効用」の項目のところで詳しく説明するように、かならずしも必要なものではないが、あると進行役の負担が軽くなるし、いつもの話し合いと違うということが際立つので、使うことをおススメする。1グループに一つ必要なので、参加者が多く、グループが複数できる場合は、その数だけ用意する。ボールがない場合は、小さめのぬいぐるみなどで代用してもいい。

・参加費

参加費は無料から500円程度が一般的なようだが、会場費をはじめ、開催費用がどれくらいかかったかによって変わる。会場費以外には、お茶・お菓子代、進行役を慣れている人や専門家がやったり、講演やワークショップなど、その他のイベントと組み合わせたりして行う場合、その人への謝金等、もろもろの経費がかかる。そうなると参加費が1000円を超えることもあるだろう。

実際に自分で対話の場を設ける場合、こうした経費をどうするかが問題になる。最近では自治体や企業が地域のコミュニティ活動や教育活動に助成金を出すケースも増えている。とくに自治体の事業は、会場を安く提供してくれたり、広報にも協力してくれたりすることが多い。数万円から数十万円程度の助成であれば、比較的採択されやすいのではないかと思われる。多くの場合は団体が助成対象だが、個人で申請できるものもあるようなので、機会があれば利用するといい。

会場の設営と片づけ

会場の設営として行わなければいけないのは、おもに机を部屋の隅に寄せて、真ん中にスペースを作り、そこに椅子を並べることくらいだろう。

テーマが決まっていてすぐに対話に入るなら、最初から輪になるように並べる。椅子はできるだけ詰めて置くほうがいい（次ページの「グループ分けと座り方」を参照）。

最初に参加者から問いを出してもらったり、ゲストに話題を提供してもらう場合は、前にホワイトボードや黒板を置いて、椅子はそちらに向けて並べる。そのさい縦横きれいな列になるようには並べず、意図的に〝乱雑に〟置くほうがいい。整然と並べると、場が最初から緊張して、気軽に話しにくくなる。椅子の並べ方を〝ゆるく〟しておくと、場の雰囲気がリラックスしたものになりやすい。

さらに言うと、会場の設営じたいを参加者にやってもらうといい。机を片づけて、椅子を並べて準備万端整えて参加者を迎えると、彼らは〝お客さん〟になってしまう。そうすると、どれくらい楽しませてくれるのか、どれくらいいい対話をさせてくれるのかと、受け身の態度になり、与えられたものをただ受け取り、評価する消費者のようになる。

しかし哲学対話は、自発的・主体的に参加するものであり、参加者は〝客〟ではなく、いっしょに対話を作っていく〝協力者〟、もっと言えば〝仲間〟である。したがって会場の準備は、主催者のほうでせずに、早めに来た参加者に手伝ってもらえばいい。

そうすると彼らは主催者に近くなり、自分たちもいっしょに場を作り、対話もいっしょに進めていこうという気持ちになりやすい。実際、対話も参加者自身が積極的に質問し、発言するようになり、進行役が頑張らなくてもよくなる。

終わった後の片づけ（原状復帰）も同様に、参加者に頼めばいい。あっという間に終わるし、彼らも手伝えたことを喜んでくれる。結果的には、こちらのほうがイベント全体の満足度も高いだろう。

場づくりも、基本は哲学対話そのものと同じである。対話は〝おもてなし〟ではない。誰かがお膳立てをして〝やってもらう〟＝やらせるのではなく、それぞれが自分から問い、考え、語り、聞くようにならないといけない。会場の設営と片づけは、そのような主体性・自発性を最初と最後に呼び起こす絶好の機会なのだ。

グループ分けと座り方

先に書いたように、哲学対話の適正人数は一組10〜15人程度であり、多くても20人くらいまでにしておいたほうがいい。そのさい性別、年齢など、いろんな人が交ざるようにする。

性別が同じ、年齢が近い、世代が同じ、学歴が似ている、社会的な立場（学生、会社員、主婦など）が同じなど、似た者どうしでグループを作ってしまうと、基本的な思考回路も似ているので、まったく異なる意見が出にくく、自分たちの前提を問うようなことが起こりにくい。

共感したり、意見がまとまったりしやすいから、話し合いとしては心地いいかもしれないが、深まりや広がりが乏しく、哲学対話として見ると、退屈なものになりやすい。

次に座り方だが、椅子はきれいな輪の形に置いて、できるだけ詰めて座る。椅子どうしが接するくらいがいい。輪の形が歪んでいたりデコボコしていたりすると、外にはみ出した人の参加度が低くなりやすい。椅子と椅子の間に隙間が大きく、全体としてゆるく座っていると、対話の密度、集中度が下がりやすい。

嘘だと思うかもしれないが、本当である。15人で輪になって詰めて座ると、思いのほかお互いの距離が近く、緊張する人もいるだろうが、それが集中力を高めてくれる。

また隣のグループと接近していると、その声のせいで自分たちが話す声が互いに聞こえにくくなる。もちろんみんな大きな声で話せばいいのだが、なかには声の小さい人がいる。そういう人も無理なく話して、しかも他の人も聞き取れるようにするには、輪をできるだけ小さくしてお互いの距離が近いほうがいい。

質問ゲーム

これは哲学対話用のアイスブレイク（その場の緊張をほぐすための手法）として、もっともふさわしい。4～5人で一組になり、一定時間（2分ないし3分）、一人はひたすら答える役、他の人はその人に質問する役をして、問答を繰り返す。これによって「問う」―「語る」という哲学対話にとって基本的な〝動作〟にあらかじめ慣れることができ、いわば対話のための〝準備運動〟、ウォーミングアップになる。

実際のゲームは以下のような順序で行う。

・問いを決める

誰でも気楽に答えられる簡単な問いを選ぶ。

例：一日のうちでいちばん好きな時間はいつか？

なかなか捨てられないものは何か？

明日学校（会社）が休みだったら何をするか？

生まれ変わるとしたら何がいいか？

魔法が使えたら、何をしたいか？

性別が変わったら何をしてみたいか？

朝ご飯に何を食べるか？

夏休みに何をしたいか？

……

・グループを作る
対話のために作った10〜15人のグループをさらに分けて、一組4〜5人のグループを作る。人数が余ったら他のグループの人といっしょになってもいい。

全体の人数をちょうど割れる人数にする（全部で16人なら4人×4組にする）。できるだけ年齢や性別が違う人が交ざるようにする。割り切れないなら、一人多い（少ない）グループがいくつかできても気にしない。

誰が最初に答える役をするかを決め、それ以外の人は順番に（たとえば、答える役の人の左隣から時計回りに）質問だけをする役になる。

・開始する

最初に答える役の人が問いに対して答え、その理由を言う。その後他の人は、隣の人から順に何でもいいから質問する。一定の時間（たとえば3分）が過ぎたら交代して、同じことを行う。

例：問いが「一日のうちでいちばん好きな時間はいつですか？」の場合

答える人「夜布団に入って、眠りに落ちる瞬間です。なぜなら、今日も一日頑張ったと思って、ホッとするからです」

質問する人①「寝る前に決まってすることはありますか？」

答える人「本や雑誌を読みます」

質問する人②「どんな本を読みますか？」

答える人「推理小説です」

質問する人③「寝つきはいいほうですか？」

答える人「だいたいはいいです」

質問する人①「寝つきが悪いのはどんな時ですか？」

答える人「その日に嫌なことがあったような時です」

質問する人②「嫌なことって、たとえばどういうことですか?」

……

大切なのは、テンポよく簡潔に問い、答えること。質問する人は、答える人の言うことに共感したり、感想を言ったり、自分の質問の意図を説明したりしないようにする(このことじたいが悪いわけではないが、ここでは問うことと答えることに慣れるのが目的だから)。

誰か一人(進行役でも参加者でも)がタイムキーパーをして時間が来たら、「交代してください。次の人が答える役になってください」と指示をし、またその隣の人から順に質問していく。これを人数分繰り返して終了。

*一人当たりの時間は3分程度がいいが、アイスブレイクに使える時間と一組当たりの人数に応じて加減すればいい(4人一組で15分あるなら、3分×4人=12分、説明する時間と合わせて15分、10分しかなければ、2分×4人=8分とすればいい)。

この質問ゲームがアイスブレイク(場づくり)としていい点は、人数と一人当たりの時間を加減することで、所要時間を柔軟に調整できること、ほぼ予定通りの時間で終わることである。

また、進行役が必要なく、やり方を説明しておけば、あとは誰かがタイムキーパーをすれば、全体の人数が100人を超えても難なくできる。

質問ゲーム

はじめの問い：一日のうちでいちばん好きな時間はいつですか?

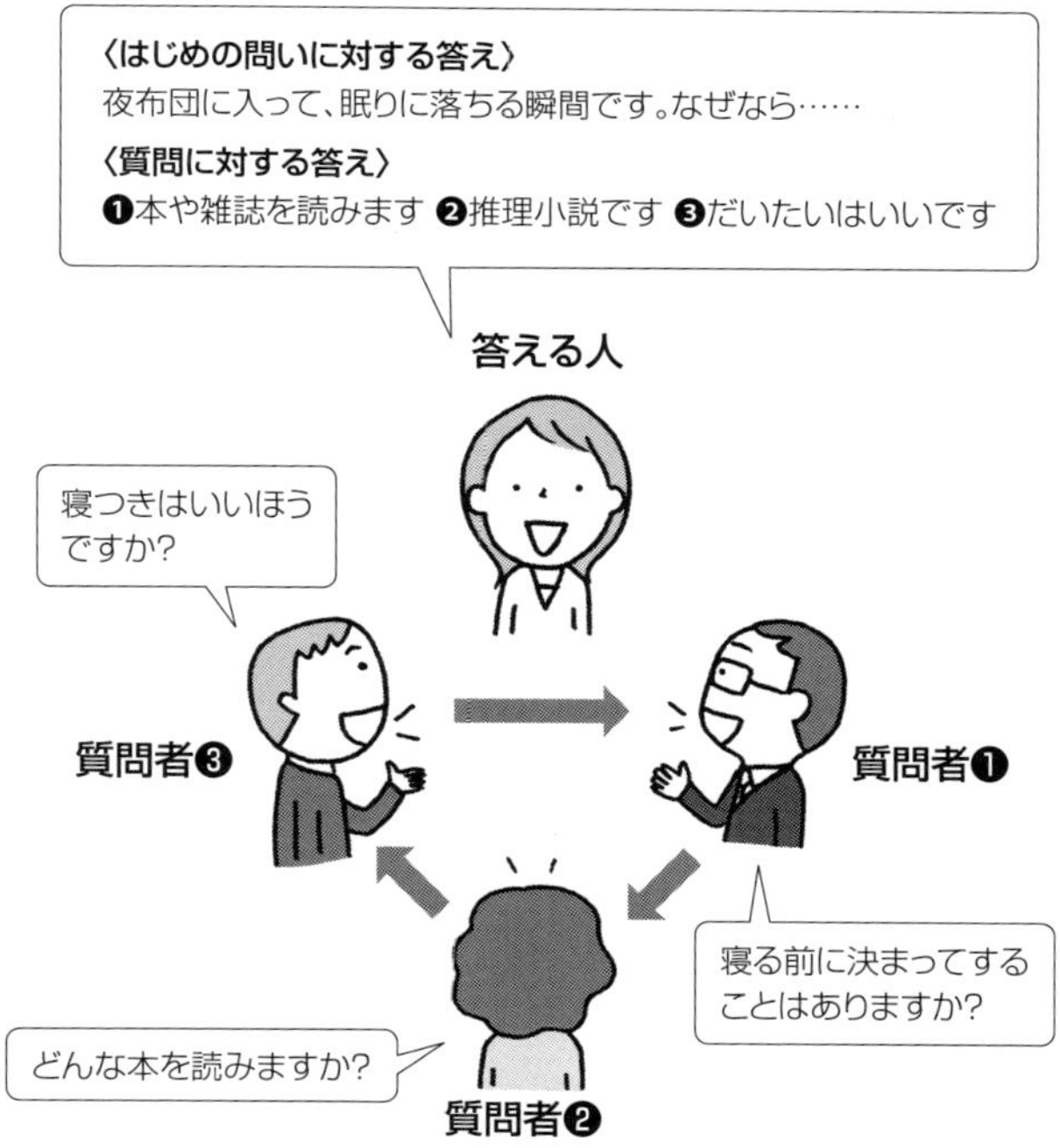

・4〜5人でグループを作る
・答える役の人を決める
・ゲームを開始したら、答える役の人は「はじめの問い」に答え、理由を言う
・左隣の人から時計回りに、順番に何でもいいから質問し、答える役の人はそのつどそれに答える（質問も答えも簡潔に）
・一定の時間（2〜3分）が過ぎたら、答える役を交代し、同じことを繰り返す

また、一般のアイスブレイクは、何回かやると飽きるので、たえず新しいネタを仕入れないといけない。しかし質問ゲームは、小道具もいらないし、簡単にできるにもかかわらず、問いやメンバーが違っていれば、何度やっても飽きることなく楽しい。

そして先にも書いたが、「問う」―「語る」という、対話の基本動作のウォーミングアップになっている。したがって、質問ゲームをやっておくと、その後の対話でも発言や質問が活発になりやすい。

＊もし対話のテーマが決まっているのであれば、それと関連する問いでやると、内容的な準備にもなる。
テーマ「幸福」↓何をしている時がいちばん楽しいか？
「仕事」↓勤務時間中の楽しみは何か？
「勉強」↓嫌いな科目は何か？
「恋愛」↓好みの男性／女性のタイプは？

自己紹介

哲学対話では、自己紹介も一風変わっており、アイスブレイクの一種になる。一つの質問に各自が答え、その理由も説明する。進行役から始めて順番に回して全員が答える（答えを思いつかない人は後でもいい）。問いは質問ゲームと同様、誰でも簡単に答えられることであれば

いい。たとえば、
次の休日をどう過ごしたいか？
宝くじで10万円当たったらどうするか？
どうして今日その服を着てきたか？
捨てられないものは何か？
一人で過ごしたいのはどんな時か？
一つだけ願いがかなうとしたら、何にするか？
高校（大学）時代にやってみたい（やってみたかった）ことは何か？
どんな食べ物が好きか？
……

自分が答える時には、通常の自己紹介とは違い、名前だけを言って、年齢、仕事、所属などは言わない。なぜなら、そうした社会的な意味づけをもった特徴を言うと、その人に対する不要なイメージができて、余計な気づかいをし始める恐れがあるからだ。たとえば、年齢や学年が上だと、敬語を使わないといけないと思ったり、相手の意見と反対のことは言いにくくなったりするかもしれない。職業が医者や弁護士だと、頭がいい人の前でくだらないことは言えないとか、下手なことを言ったらバカにされるのではないかと心配するかもしれない。高校生なら、学校名を言うと、偏差値が頭に浮かんで、劣等感や優越感をもってしまうかもしれない。

こうした社会的な立場、身分など、通常の自己紹介では当たり前のように言っていることも、率直に何でも言える哲学対話の場を作る時には、むしろ邪魔になる。それにパーティーや会合でもそうだが、名前と所属を自己紹介で言われても、すぐに忘れてしまう。だが、質問に対する答えを聞くと、その人がどんなことを言った人なのかは覚えている。

また、場合によっては、自分の名前ではなく、自分が呼んでほしい名前をつけることもある(名札シールに書いて胸に貼る)。これはPネーム(Philosopher's Name)とも呼ばれ、哲学対話をする時、その場でだけ使う名前である。人によっていつも使う名前を決めている場合もあれば、そのつど違う名前をつけることもある(私の場合は、「しんちゃん」か「ジョン」と名乗ることにしている)。

これは、いつもの自分から離れて自由になるという意味があるし、実際そのような効果があるように思われる。個人的には、Pネームはかならずしも必要だとは思わないが、いつもと違うのだということをお互いに確認するにはいい方法であり、また単純に面白い。

アイスブレイクとしては、質問ゲームか自己紹介のどちらかをすればいいだろう。両方やってもいいが、重なる部分があるので、ややくどくなるように思う。もし両方したいのであれば、二つを組み合わせたやり方もある——最初の質問に回答者が答え、理由を述べた後、順番に3

人、その人に質問し、答えてもらう。それが終わったら次の人が同じように質問の答えと理由を述べ、今度は前に質問した3人の続きから3人が質問をする。あとはこの繰り返しで全員に回せばいい。

質問ゲームにせよ、自己紹介にせよ、重要なのは、問いに対して答えること、その理由づけをするという、哲学対話に必要なことを練習しつつ、同時にお互いを知ることなのである。

問い出しと問い決め

〝準備運動〟が終わったら、いよいよ問いを見つける段階に進む。哲学対話で重要なのは、自分自身の疑問、自分の関心のある問題について考えることである。したがって対話の問いは、参加者が出して決めるのがいい。学校や会社のように、先生や上司から一方的に与えられるだけの問いは、義務や課題のようにやらされる、考えさせられるものとなり、受け身になりやすい。したがって当然つまらない。

もちろん一から全部決める必要はない。全体のテーマがあってもいい。選択肢から選んでもいい。時間的に限られた状況で行う時は——学校では45分や50分しかない——あらかじめ問いを三つか四つ用意していって、その中から選んでもらえばいい。いずれにせよ、どこかに参加者が決める部分があることが大切なのだ。

基本的なスタイルでは、みんなで問いを出して（これを「問い出し」と言う）、そこから一人1票で投票して決める（これを「問い決め」と言う）。

問い出しのさい注意すべきことは、かならず疑問文の形で出してもらうということである。「幸せについて」とか「仕事のやりがい」ではなく、「どのような時に幸せを感じるか？」や「仕事にやりがいが見いだせない時、どうすればいいのか？」というふうに、疑問文にすることが重要である。

さもないと、どのような話をすればいいのか焦点が定まらず、対話は方向性を見失う。最終的に結論が出なくても、まとまらなくてもいいことと、はじめから何を問えばいいのか分からないのはまったく違うことである。

＊ホワイトボードや黒板があれば、そこに書き出していく。なければ、各自がコピー用紙に書いてみんなに見せればいい。

＊時間に余裕があれば、なぜその問いを出したのか、理由も説明してもらう。

＊選択肢が参加人数に対して多すぎる（参加者10人に対して問いが20以上）時は、一人2票にしてもいい。

＊票が割れて差がつかない場合は、同数（もしくは僅差）で並んでいる問いについて、決選投票をする。時間があれば、それぞれに手をあげた人に、なぜその問いを選んだかを説明し、その面白さをアピールしてもらってから再投票してもいい。

多数決なので、もちろん自分が選ばなかった問いで話す人もいる。そのほうが多いかもしれない。それは不公平ではないかとか、その人たちにとっては押しつけられた問いで、話したくないかもしれないという意見もあろう。

だが、問い出しの段階で、他の人の問いについて「こんな問いもあるんだ」とか、「これは面白いな」と思いながら、みんな問いそのものについていっしょに考えているにちがいない。

このプロセスは参加者の共同作業だから、最終的にどの問いに決まったとしても、一方的に押しつけられたものではない。また、選ばれた問いは話の出発点にすぎないので、対話の中で話が広がって、選ばれなかった問いに話題が移ってもいい。この自由さが、問いを各自が自らのものとして考え、話すことを促すのである。

また、たとえば学校で、生徒たちに決めさせると、あまりいい問いが選ばれないのではないか、教師が選んだほうが、よりよい問いで対話ができるのではないか——そう思う人もいるだろう。

しかし、たいていの場合、生徒たちの問いはもともといいものが多い。それに、たくさん出てきたものの中から選ぶので、よくない問いに決まることはめったにない。教師が選べば、どうしてもやらされた感じがして、楽しく自由に話せなくなる。生徒を信じて任せれば、結局はそれでうまくいくことが多い。

いろんな問い出しの方法

以下、三つの問いの出し方を紹介し、それぞれどういう場合に使えるのか、その〝用途〟を記しておこう。

①ゼロから始める

いちばんシンプルで基本的なやり方で、みんなで話したい問い、みんなの意見を聞いてみたい問いを自由にあげてもらう。問いはどんなものでもいい——何にでもなれるとしたら、何になりたいか？ 人間関係は損得なしに成り立つか？ 本当の自分とは何か？ 夕食のおかずは何品必要か？ なぜ結婚するのか？ 分かりやすいことはつねにいいか？ 死んだらどうなるのか？ 頭がいいとはどういうことか？ なぜゴキブリは嫌がられるのか？ 愛するのと愛されるのとどちらがいいか？ など。

問い出しにどれだけ時間をとれるかによるが、問いがある程度（10〜20個）出てきたら、内容的に近いものは一つにまとめる。その後一つ一つ読み上げて確認し、投票して決める。

【用途】

特定の目的もなく、ただ哲学対話を楽しみたいという時に向いている。これといった段取りや工夫が必要ないので、参加者がいればすぐにできる。

②テーマから始める

テーマはあらかじめ決めておいても、みんなでその候補を出してから決めてもいい。家族、お金、友だち、仕事、学校など、一般的で誰にでも関わるものがいい。みんなに出してもらう時も、三つくらいを例として示し、さらに追加であげてもらうと、参加者もやりやすい。候補の中から投票で一つに決める。

一つに決まった（あるいは用意してきた）テーマに関連する問いを自由に出す。たとえば「学校」というテーマなら、何のために学校に来るのか？　学校を面白くするにはどうすればいいか？　絶対に必要な校則は何か？　学校でいちばん楽しいのはどんな時か？　何のために勉強するのか？　なぜ授業はつまらないのか？　先生の言うことはどこまで聞くべきか？等々。

「お金」がテーマなら、お金で買えないものは何か？　お金と時間とどちらが大事か？　お金があることはいいことか？　お金がないと不幸か？　なぜお金を欲しがるのか？　なぜ無駄遣いをするのか？　無駄遣いとは何か？　お金とは何か？　なぜお金の話を避けるのか？　100万円あったらどう使うか？　趣味にどれくらいお金を使うか？　等々。

こうして一つのテーマに関して問いを出し、その後投票してそのうちどれについて対話をするのかを決める。

もし時間があるなら、ここからさらに「問いを練る」というステップを踏むといい。問いどうしの関係を考え、問いを整理したり、今ある問いをよりよいものにしたりする。

たとえば、先の「お金」というテーマについては、「お金があることはいいことか？」と「お金がないと不幸か？」から、「お金と幸福はどのように関係するか？」というより大きな問いを作ることができる。

「なぜ無駄遣いをするのか？」は「無駄遣いとは何か？」に含まれる。「お金で買えないものは何か？」と「お金と時間とどちらが大事か？」と「お金とは何か？」と「100万円あったらどう使うか？」から、「お金の価値とはどのようなものか？」という新しい問いを作ることもできる。

この作業は、問いについてさらに考えることであり、いわば「問いを問う」ことである。これをすると、問いの性格がはっきりする。何がより一般的な問いか、何が具体的な問いか、ある問いが別の問いにどのように関連しているかが分かる。何がより面白い問いか、何がより哲学的な問いかも分かる。

こうして問いの数を絞り込み、そのうえで投票する。その時は、それ以前よりもより深く考えて問いを選ぶようになるし、問いを見つけるのも上手になる。そしてこのようなプロセスの全体が、思考を育て鍛えることにつながる。

【用途】

このやり方の大きなメリットは、テーマのある議論（要するに普通の議論）と相性がいい点である。テーマを決めて哲学対話をする場合、最初から決まった問いで話すのではなく、問い出しをすることで、そもそもそこにどのような問題や論点があるのか、どのような観点から論じられるのかを考えられる。そうすることで、そのテーマに関する興味を呼び起こし、考える土壌を作ることができる。

だから学校でも会社でも、特定のテーマについて学んだり論じたりする時には、その前にこの方法でいったん哲学対話を行うと、その後の学習や議論がより深く豊かになる。教科書の単元ごとに、最初に対話をしてから通常の授業に入れば、そのテーマについて関心や疑問をもった生徒に教えられる。会社や地域コミュニティでも、同様に問題意識を共有したうえで、議論に入ることができる。

③素材から始める

エッセイでも新聞記事でも小説の一節でも資料でもいい。何らかの読み物を材料にして対話を行うこともできる。そういう素材の中でも、とりわけおススメなのが絵本である。人によって好き嫌いがあまりなく、誰でも読んで理解しやすいという点で、対話の素材として非常に優れている。

絵本というと、一般的には読み聞かせしかしないので、そこから哲学対話ができるのを体験すると、その意外性に大人も驚く。けっして子ども向けではなく、大人だけでやっても面白いし、子どもといっしょにやることもできる。

題材となる絵本のうち、とくにおススメなのが、日本の昔話や、グリムやアンデルセンの童話、イソップ物語など、古典的なものである。現代の絵本作家の作品は、命や自然の尊さ、家族や友だちの大切さなど、メッセージ性が強いものが多く、倫理的すぎたり文学的すぎたり、難解であったりして、かえって問いが広がりにくい。

作者が個人なので、個々の場面の意味や作品全体の意図など、読解や解釈に終始しがちで、自由な対話というより「何が正しいか」を巡る議論になりやすい。その点でも哲学対話に向いていない（もちろんすべてがそうだというわけではない）。

他方、昔話や民話は、内容や構成が精緻ではなく、いわばスキだらけで、よく考えると不思議なこと、理不尽なことがたくさん起きていて、自由にいろんな問いを出しやすい。

実際に始めるさいには、絵本をまず誰か（進行役）が朗読する。あるいは、みんなで交代しながら少しずつ読んでもいい。そしてその話について、変だと思ったこと、疑問に思ったことを問いの形で出していく。

たとえば、「鶴の恩返し」では、なぜ鳥が人間に変身できるのか？　なぜ鶴なのに機織りの仕方を知っているのか？　なぜ鶴は自分の羽でできた織物が高く売れると分かっているのか？　もし誰にものぞかれずにずっと織っていたら、鶴は羽がなくなって死んだのか？　結局恩返しはお金なのか？といった問いがありうる。

次にここからもう一段階、「問いを一般化する」というステップを踏む。そうやって問いを物語から引き離すことで、たんに物語について話すのではなく（それだけだと、物語の解釈に終始してしまう）、物語に含まれる、物語から引き出されるより普遍的な問いについて対話できる。

「鶴の恩返し」で言えば、恩返しはどのようにすべきか？　約束を守ることが相手のためにならないことはあるか？　約束はかならず守らなければならないか？といった問いである。

こうした一般化した問いの中から一つを投票で選ぶ。そうすれば、絵本の題材を生かしながら、それにとらわれることなく、自由に思考を深めたり広げたりできる。また対話した後で、元の話に戻れば、最初とはまったく違った印象をもつだろう。

絵本でない場合も同様で、小説の一節や新聞のコラム、資料を見て、まずはそれについての疑問を出す。その後で問いの一般化を行って、より普遍的な問いを出して、その中から問いを決めればいい。

また文章でなくても、絵画や画像、動画でもいい。絵画や画像、動画ならとりあえず見て、みんなで内容を確認し（何が描かれているか、何が映っているか、何がテーマかなど）、感想、気づいた点を言う。これによって、文章で書かれたものと同じように、内容を言葉にする。そうやって内容の確認をした後は、絵本と同じように、まずはその素材について問いを出し、その後問いを一般化し、そこから問いを決めればいい。

＊内容を確認しないと、そもそも何が描かれているのかの認識がまったく食い違った状態で問いを出すことになってしまう。もちろん解釈がずれることもあるが、たんなる勘違いもありうる。ある景色の中に人が描かれている（映っている）のに、まったくそれに気づかず、自然の風景の絵（画像）だと思っている人がいたら、それはお互いに補って可能なかぎり誤解や見落としは避けるべきだろう。描かれている人の表情を、ある人は怒っていると捉え、別の人は悲しんでいると捉えた場合、最終的にどちらか決められないかもしれない。だが、それは多様な捉え方ができるということを互いに確認すればよく、実際にそうした微妙な表情であることに意味があるのかもしれない。

【用途】

学校の授業や会社のミーティング、その他何らかの勉強会など、読むべき資料（教科書の文章、コラム、関連記事など）がある場合、いきなり議論や検討に入るのではなく、まずはそれについての理解、関心を深めるさいに使える。資料はみんなで読んで内容を確認したり、誰かが代表でまとめたりして、そこから問い出しをする。その中から一つ選んで対話をしてもいいし、問いを一般化してから選んでもいい。

また講演者、ゲストスピーカーを招いて話を聞く時も、同様の仕方で対話と組み合わせることができる。まずは講演をしていただき、若干の質疑応答を行う。その後講演内容に関して自由に問いを出してもらい、その中から一つ問いを決めて対話する。

そうすると、たんに「お説拝聴」して「勉強になりました」ではなく、講演者も含めていっしょに問い、考えることができる。こうすることで、講演内容について、普通にただ聞いて質疑応答するよりもずっと広く深く理解でき、なおかつ講演者にとっても、ただ講演だけをするよりずっと得るものが多くなるだろう。

コミュニティボールの効用

哲学対話では、「コミュニティボール」と呼ばれる毛糸で作ったボールを受け渡ししながら話をする。意見や質問がある人は、手をあげてボールを受け取ってから話す。ボールをもっている人だけが話し、それ以外の人は黙って聞く——これだけのルールである（ボールの代わりにぬいぐるみを使う人もいるが、ここではボールを念頭に置いて説明しよう）。

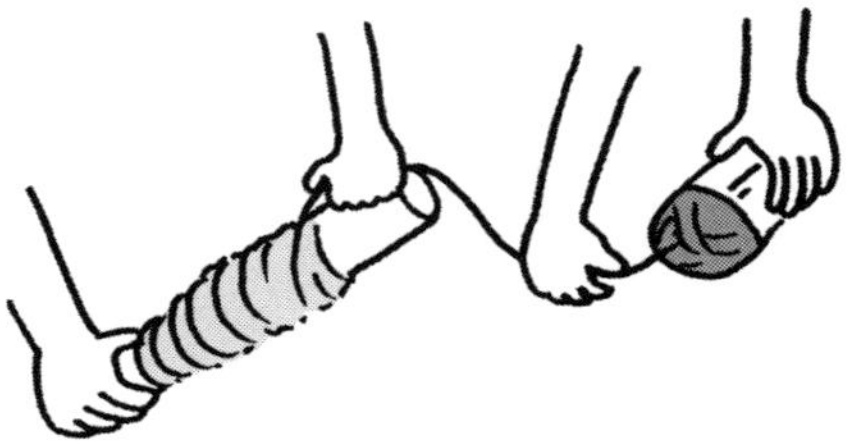

② 1玉巻き終えたら、次の玉を続けて巻いていく(糸の端を結んでつなげる必要はない)。中央など一部に集中しないよう、全体ができるだけ均等になるように巻く。

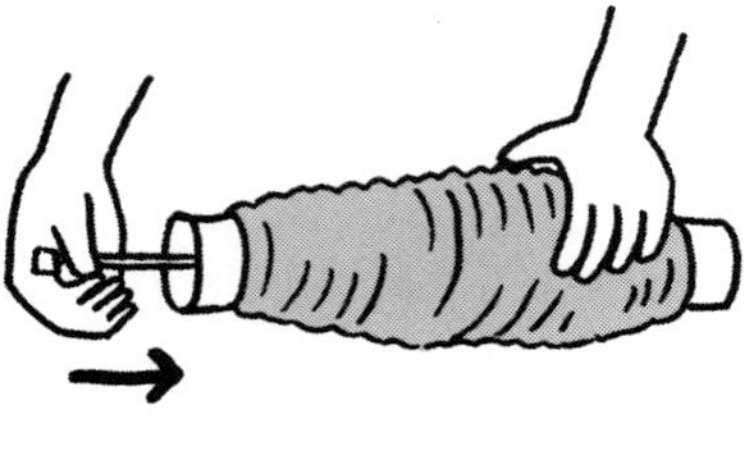

③ 全員が答えたら、その玉の残りを巻いて、筒の中に結束バンドを通す。

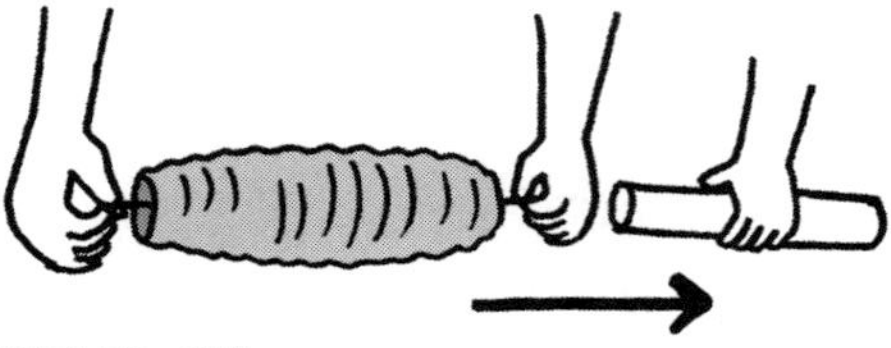

④ 筒だけを抜く(結束バンドが巻いた毛糸の両端に出た状態になるように気をつける)。

コミュニティボールの作り方

準備するもの

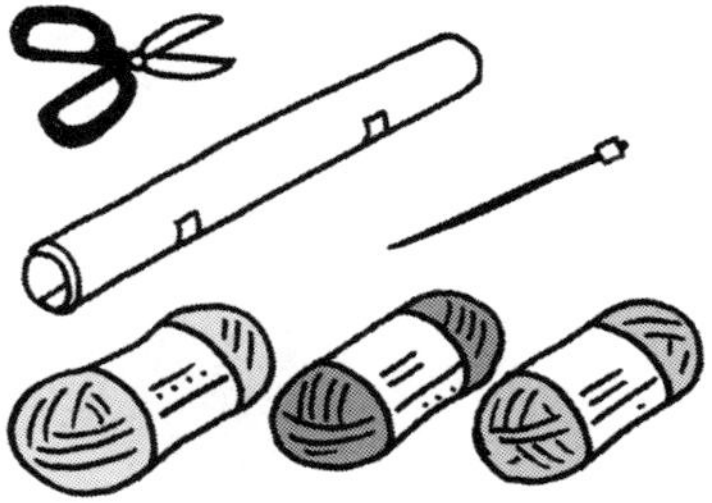

・A4の封筒3枚を丸めてセロテープで留め、筒状にしたもの（ラップの芯などでもいい）

・毛糸2～3玉（違う色のものをそろえる。100均などで売っている化繊の安いものがいい。高級なウールは後で細かい毛が飛散して使いにくい）

・結束バンド（25センチ以上のもの）

・はさみ（キッチンばさみや裁ちばさみのような大きめのものがいい）

①

毛糸を封筒で作った筒を芯にして巻いていく（自己紹介で問いに答えながら作る時は、隣の人に糸を送ってもらいながら巻き、答え終わったら次の人に渡し、巻いていた人が糸を送る）。

⑧ どんどん切っていく。

⑨ すべて切ったら出来上がり。

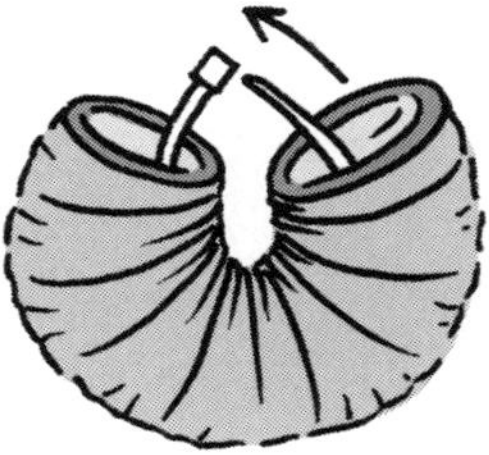

⑤
筒を抜いたら、巻いた毛糸の両側を丸め、結束バンドをしっかり引っ張って留める。

⑥ 結束バンドの余った部分をはさみで切る。

⑦
バンドで留めたのと反対側をはさみで切っていく。

私自身は、ハワイの高校ではじめて「子どものための哲学（P4C）」を見学した時、このボールを使っているのを見て「いいなあ」と思い、それに倣っている。

ハワイでは、学期のはじめにみんなでコミュニティボールを作る。作り方は、筒を芯にして毛糸を巻いていき、最後に結束バンドを筒に通し、筒を抜いて毛糸をバンドで縛り、反対側をはさみで切る（詳しくは224〜227ページの図）。

学校のP4Cでは、1回目の授業で一人ずつ自己紹介——ある問いに答え、その理由を説明する——しながら毛糸を巻いていく。全員が答えたら、その玉の残りを巻いて、結束バンドで縛ってボールにする。それは自分たちが仲間として最初に行った共同作業の成果であり、自分たちの連帯感＝コミュニティを象徴するボールとして、この名がついている。

もちろんボールがなくても対話はできるが、使っていると、思いのほかいろんな意味、役割があることが分かってくる。

まず、ボールのおかげで、誰が話していいかがみんなに分かる。だから、話し合いではありがちなことだが、人の話が終わっていないのに、あるいは指名されていないのに、勝手にしゃべる人がいなくなる。いつもよくしゃべる人は、ボールを受け取らないと話せないので、自分がどれくらいの長さで、何回発言したかに自覚的になり、多少なりとも自分が話すのを抑制し、他の人に譲るようになる。

逆に、普段は人前で話すのに慣れていない人でも、自分がボールをもっている間は誰にも邪魔されないことが分かっているので、ゆっくり落ち着いて話すことができる。そのおかげか、哲学対話では、いつもはしゃべらない人や口下手な人が積極的に話していることが多い。

また、話の途中で考えたり言葉に詰まって黙ったりしている時、手に何ももっていないと緊張するが、ボールを手でいじっていると、それだけで気持ちが落ち着く。話を聞いているほうも、ずっとその人の顔を見つめているのも気まずいので、話している人がもっているボールの動きを見ていると、リラックスして聞くことができる。

また、ボールを一度は触りたいという理由から、手をあげてボールを受け取って話をする人もいるような気がする。とくに子どもはその傾向が強い。

さらに、参加者が自発的にボールを受け渡しするので、進行役の負担が減る。もちろん対話の進行はコントロールしにくくなり、哲学的な深みや広がりがあまりなく、物足りない対話になる恐れもある。

ただし、後で述べるように、進行役が対話を仕切れば仕切るほど、参加者は受け身になりやすい。だからどちらがいいかは一概に言えない。対話の展開の自発性を尊重するか、内容の深まりや広がりを大切にするかの違いである。

とはいえ、ボールを使っていても、進行役は手をあげてボールを受け取って発言すればいいので、まったく介入できないわけではない。要はバランスの問題である。

3　対話の進め方

始め方

最初に対話のルールとコミュニティボールの使い方を説明する。今一度ルールを記しておこう。

①何を言ってもいい。
②人の言うことに対して否定的な態度をとらない。
③発言せず、ただ聞いているだけでもいい。
④お互いに問いかけるようにする（「これはなかなか難しいですが、対話を哲学的にするのは問いかけですから、意識して頑張ってください」と添える）。
⑤知識ではなく、自分の経験にそくして話す。
⑥話がまとまらなくてもいい。
⑦意見が変わってもいい。

⑧分からなくなってもいい。

ただし参加者によっては、ここまで詳しく言わなくてもいいし、言い方にも工夫がいる。たとえば、小学校低学年くらいまでであれば、「何を言ってもいい」「人の言うことを否定しない」「人の話をよく聞く」の三つくらいでいいだろう。中高生には、「否定的な態度をとらない」と言うだけでなく、「馬鹿にしたり茶化したりしない」と補足するといい。

大人がメインの場所では、「進行役に指名されてから発言する」「簡潔に話す」「人の意見に反対してもいいが、人格を否定してはいけない」「話がつながるように努める」「分かりやすく話す」「難しい用語を使わない」「人の話を遮らない」「自分の意見を押しつけない」などがルールにされているところもある。そこに来る人の種類にもよるので、要はその場に合ったルールを作っていけばいい。

次にコミュニティボールの使い方である。

・ボールをもっている人だけが話す。他の人は黙って聞く
・発言したい人は手をあげてボールを受け取って話す
・人が話している間でも手をあげていい
・他の人が手をあげても、慌てずゆっくり最後まで話せばいい

・話し終わったら、手をあげている人の中から選んでボールを渡す（手をあげている人どうしで譲り合わない。誰にボールを渡すかは、もっている人が決める）
・一部の人だけでボールが回らないように心がける

対話のルールとボールの使い方の説明は、対話に慣れている人ばかりであっても、毎回やったほうがいい。とくにルールは、対話の〝精神〟、すなわち対話で何を大切にしなければならないかを述べている。それをそのつど確認し、心構えをしっかり作っておくと、対話もうまくいきやすい。私自身は、対話をはじめて体験する人が多い場合、時間があれば、ただルールを伝えるだけでなく、第1章で述べたようなルールの意義も含めて5分くらいかけて説明する。

また補足説明として「途中で誰も手をあげず、話が止まって沈黙が続くこともありますが、その時は静かにしていればいいです。緊張するかもしれませんが、沈黙を楽しみましょう」というようなことを言っておくといい。

普通の人は沈黙に耐えられず、いたたまれなくなる。とりわけ自分が話した後、誰も手をあげず、ボールを受け取ってくれないと、ボールをもっている人は戸惑い、慌て始める。それで思わず他の人に渡してしまう。だが、受け取った人に話す気がないと、その人もさらに他の人にボールを渡し、互いにボールを投げて押しつけ合うだけになってしまう。

こうなると、対話の緊張感も途切れ、続けにくくなる。だから沈黙は悪いことではないこと、むしろゆっくり静かに考える時間であることを、あらかじめ分かっておいてもらうほうがいい。

その他、始める前に途中退席が自由であることと終了予定時間を知らせておく。対話する時間は、個人的には40分から50分程度だと考えている。1時間はやや長すぎる感じがする。後にも述べるが、少し物足りないくらいで終わったほうが、さらに考える気持ちを残してくれる。

いよいよこれから始めるという時に、以下のことを言っておくといい――「対話はみなさんが問い、考え、語ることがすべてです。私が仕切ったり進めたりしていくものではありません。全員で協力してやっていきましょう」。

対話は、誰か（進行役）に導いてもらったり深めてもらったりするものではない。参加者が自発的に関わり、全員で作り上げていくものである。だから対話の質や結果については、進行役の責任ではなく、参加者全員で責任を負うべきである。そのことを始める前に確認してから対話に入ると、対話がずっとやりやすくなる。

この後いよいよ投票で決めた問いで対話を行う。すぐに自由に話してもらってもいいが、最初は問いを出した人自身に、問いについてその理由や具体的な意味、自分の考えなどを話してもらうといい。その後は順番に各自意見を言ってもらい（すぐには意見を言えない人、言いたくない人は、無理に言わなくてもいい。全員回った後にあらためて聞いてみる）、それから自由に発言してもらうのもいい。いずれにしろ、これで対話のスタートである。

進行役（ファシリテーター）の役割

先にも述べたように、哲学対話にとって、参加者の自発性、主体性は、何より重要である。対話の内容じたいは、進行役が上手に問いかけて導いていけば、哲学的になっていく。だがその場合、下手をすると、参加者はだんだん受け身になって、進行役がうまく進めてくれることを期待するようになる。そうなると、進行役が有能でなければ回らなくなる。しかも、有能であればあるほど、参加者はさらに受け身になる。それで参加者の満足度は上がるかもしれないが、消費者気分になっていく。そして対話がうまくいかなかったり、面白くなかったりすると、進行役のせいにする。それは悪循環で、双方にとって不幸なことである。

また別の問題もある。進行役が上手で、うまく仕切れば仕切るほど、参加者は進行役の意図を汲んで、それに合わせようとする可能性が高くなる。そうなれば、「何でも言っていい」という対話の根本原則が崩れ、参加者は自らが言いたいこと、思ったことを言うよりも、その場に合ったこと、進行役の意に沿うことを言おうと努めるかもしれない。

それでは学校の授業や会社の会議と同じになってしまう。進行役が有能であることは悪いことではないし、必要でもあるが、対話をどれくらい仕切るかは別問題であり、慎重でなければならない。

逆に進行に慣れていない人、自信がない人は、無理にうまく進めようとする必要はない。むしろできないことを逆手にとればいい。「私は何もできないので、みなさんが頑張ってください。よろしくお願いします」と、参加者に委ねてしまえば、そのほうがうまくいくだろう。

では進行役の役割とは何か。一般には、議論を整理したり発言を促したりして、話し合いの進行をスムーズにすることだと思われている。たしかにそうなのだが、哲学対話の場合、とくに参加者の自発性に重きを置くのであれば、進行役の役割もやや違ったものになる。

何よりもまず、先に述べたように、対話はみんなで協力し支えるという心構えが重要で、それを参加者にも伝えなければならない。そして進行役は自ら参加者の一人として、いわば対話のルールの体現者となるのがよい。

何を言っても聞いてもいい雰囲気を保ち、みんなにルールを尊重してもらうようにする。そのために自分自身が率先して些細なことや当たり前のこと、くだらないことを言って、発言のハードルを下げる。

誰かが人に対して否定的なことを言ったら、すぐに注意する（これは参加者どうしでは言えない）。

誰かが難しい言葉を使ったり話が混乱していたりするなど、分からないことがあれば、すぐに質問する（これも多くの参加者が遠慮する）。

沈黙が続いて参加者（とくにボールをもっている人）が戸惑っていたら、気にせずしばらく静かにしていればいいと言って安心させる。「黙って聞いているだけでもいい」とルールで説明しておいて、自分自身は沈黙に耐えられず、すぐにコメントや質問をしていては、結局「沈黙はよくない」という印象を与えてしまう。

積極的に意見を変え、いろんな立場から発言する。だから自分自身の意見を言うことはかならずしも重要ではなく、すでに出ている意見とは違う角度から発言や質問をするように心がける。

また、参加者の言うことを評価しないという姿勢も、時には必要である。否定的なコメントをしないのは当然としても、「いい意見ですね」とか「いい質問ですね」といった肯定的な評価であっても、安易にすべきではない。

いい意見があるということは、悪い意見もあるということであり、いい質問があるということは、悪い質問もあるということである。実際にいい意見を言えば、他の参加者が感心する。それでじゅうぶんであって、進行役がさらに後押しすることはない。それをすると、人によっては、「何でもいいと言いながら、やっぱりこう言ってほしいんだ」と思うかもしれない。

ただし、もともと自分の言うことに自信がなくて、「こんなことみんな分かってると思いますが」とか「すごくくだらないことかもしれませんが」といった前置きをする人には、逆に「大丈夫ですよ」「大事なことですね」とポジティヴな言葉を返すのがいい。

そうやって対話のルールを自ら実践することは、対話の理念を実現することである。進行役は、それを率先して見せるという意味で、対話を導く役割を果たすと言える。

板書とメモ

哲学対話に限らず、話し合いの時に出てきた発言や疑問をホワイトボードや黒板に板書をするのが通例となっている。世の中では板書のテクニックやコツまで紹介されていて、進行役はそれを身につけるべきだとも言われる。

哲学対話でも板書をすることは多い。ただし、進行役が板書をすることはあまりなく、別の人がするのが普通だろう。

板書をする利点は、もちろん対話の中で出てきた意見、論点がいつでも確認できることである。とくに話のつながりや流れを重視する場合は、それまでの内容を参加者どうしで共有できるようにしておくのは重要なことだろう。また板書をしておけば、最後にその日の対話を振り返り、記録に残すことができる。

他方で、板書をすることの欠点もある。参加者がホワイトボードのほうに気をとられ、対話から気持ちがそれてしまい、その瞬間に目の前で話されている内容に集中しなくなることがある。板書がそれを誘発してしまうのである。

内容的な一貫性や論理性よりも、その場の哲学的体験、すなわち、共に問い、考え、語り、聞くという経験の共有のほうを重視するなら、板書はしないほうがよかったりする。その場合、たしかに話の内容はよく分からなくなったり、記録できなかったりするが、思考の広がりや深まりをじっくり体験できることには代えられない。

同じことは、メモをとることにも言える。対話の間、参加者の中には、熱心にメモをとっている人がいる。対話から少しでも多くのことを学ぼうとする姿勢は、素晴らしいし、尊重したい。けれども、あまりに熱心にメモばかりとっている人は、いっしょに問い、考えているというより、一歩引いて取材をしているような感じがする。程度問題なので、一概に言えないが、それでは哲学対話に参加しているとは言いにくいこともある。

進行役でメモをとる人もいる。だが、あまりそれに集中しすぎると、その場の全体を把握できなくなる。すると、必要な反応――うなずく、アイコンタクトをとる、微笑む、手をあげて質問するなど――がおろそかになる。

前にも書いたが、進行役は、対話の理念を体現しなければならない。だから対話全体を見守りながらも、参加者の一人となっていっしょに考えるようにしたほうがいい。そのほうが自分も楽しいし、進行役が楽しければ、参加者も楽しい。

対話の良し悪し

個人的には、対話や発言の良し悪し（哲学的かどうか）をあまり気にすべきではないと思っている。ただし、その点を重視する人もいるので、これはかならずしも一般的な考え方ではないと断っておきたい。

対話において何を重視するのかは、人によっても時と場合によっても異なる。話の内容が哲学的になるのが重要なことも、もちろんある。だが自由に発言できることのほうが優先されるべき時もある。

この二つはかならずしも矛盾することではなく、むしろ本来は、自由に発言できるからこそ哲学的になるのである。だが、実際には両立しないこともあり、どちらに重きを置くのか、意識しておいたほうがいい。

たとえば、学校で思考力を鍛えることが目的であれば、ただ表面的な意見を言い合っているだけで、その前提を問うたり論理的な整合性を求めたり、別の可能性を考える場面がまったくないのでは、明らかに不十分であろう。だからそこでは、できるだけ哲学的になるように努めるのが正しい。

他方、会社などの組織や地域コミュニティで、とりあえず率直に気兼ねなく話をして、人間関係をよくしたいのであれば、哲学的な探究は必要不可欠ではない。むしろ自由に発言できることを重視し、無理に哲学的にしようとして仕切ったり、むやみに深めようとしたりしないほうがいい。

さもなければ、対話についていけなかったり、つらかったり面倒くさくなったりする人が出てきて、その人たちが対話嫌いになり、かえって遠ざかってしまう恐れがある。

また、進行の上手な人、哲学的素養のある人が限られている以上、対話をするにあたってそういう人がおらず、哲学的深まりのない話になるのを問題視するのは、解決不能な問題を設定して現状を嘆くという、よくある思考パターンにすぎない。

それはスポーツで、コーチがその場にいなければ、練習も試合もできないというのと同じくらいバカげている。野球で言えば、とりあえず自分たちでボールに触ってキャッチボールをして、素振りをしてバッティング練習をしていけばいい。いろんなことを積み重ねて練習していかなければ、その後にいいプレーも、いい試合もない。それと同じなのだ。

だから対話も、とりあえず体験することが重要である。そして回数を重ねていけば、うまくいったとかいかなかったということが、だんだん感覚的に分かってくる。何回やってもまったくうまくいかないというのは、さすがにどこかに問題があるのだろうが、一回一回うまくいったかどうかを気にする必要はない。

熟達した進行役がやっても、つねにうまくいくわけではない。参加者や場によってうまくいったりいかなかったりする。何でも言っていい場を作り、参加者の自発性、主体性を尊重する以上、それは当然のことなのだ。

とはいえ、今までの経験で言うと、ルールがそれなりに守られて、参加者が自由に率直に発言できていれば、それぞれが自分を今まで縛っていたものから多少なりとも解き放たれ自由になれる。それは、その人にとって、程度はいろいろあっても、まぎれもなく哲学的な体験なのであって、周りが深いとか浅いとかとやかく言う問題ではない。

もっとも、良し悪しの判断すらできず、どこが足りないか、何が問題なのかも分からないというのは、あまりにも不安だろう。だから以下、判断の大まかな指標、注意すべき点について記しておこう。基本原則は、どれくらいルールが守られていたかということである。


〈いい対話〉
・みんながにこやかに意見を述べている
・考え込んでいるようでいながら、満たされた表情をしている
・普段は言わないことを言っている（知っている人どうしであれば分かるし、本人がそう言う

場合もある）
・つらそうにしながらも（時に涙を流しながらも）気にせず話している
・ボールがいろんな人の間で動いている
・分からなくなったという人が出てくる
・発言のテンポやスピードが速すぎない
・時々沈黙がある
・お互いに質問している
このような対話は、おおむねうまくいっていると考えていい。

〈注意すべき時（いっしょにその時の進行役の対処法も記しておく）〉
・一部の人だけがボールをやり取りしている（みんなが参加していない）
↓一度ボールを受け取って、他の人に質問がないか聞く。なければ進行役から質問する
・ボールの動きが速い（対話のスピードが速く、ゆっくり考えていない）
↓一度受け取って、議論の前提に関わるような問いや、違う角度からの話を促すような問いを出す
・話が複雑になって混乱している

↓それまでの議論をまとめて（他の人にやってもらってもよい）、意見を求める

・質問が出ずに、ただ互いに意見を言い合っているだけ

↓「なぜですか」とか「具体的にどういうことですか」という問いを挟む（率先して分からない人を演じる。簡単に質問する時は、ボールを受け取らなくてもいい）

・沈黙が続き、みんなが落ち着かない

↓「しばらく黙って考えていていいですよ」と言って安心させる

・無理やりまとめようとする、もしくは言葉に詰まったり、考えがまとまらなかったりして、あせっている

↓「まとまらなくてもゆっくりでいいですよ」と言って落ち着かせる

終わり方

結論は出なくてもよく、話は最後までまとまらなくてもいいので、基本的には終了予定時刻が来たら、どんなに盛り上がっていても延長はせず、さっと終えるようにする（その時に話している人には最後まで話してもらう）。問いや考えを共有し、いっしょに考えたということを大切にする。もっと話したい、物足りない、というくらいがちょうどいい。

振り返りをする時間があるなら、対話全体についての感想や「最後にこれだけは言っておき

たい！」という意見をみんな（時間がなければ挙手で言いたい人だけ）に言ってもらうのもいい。哲学対話では、普通のディスカッション以上に、参加者が熱心に参加し、対話を楽しむ。それで結論にも至らずに終わるので、〝中断〟された感覚をもつ人が少なくない。しかも対話の時間は、40分とか50分、長くて1時間。あっという間に過ぎてしまう。だから、参加者は不満を抱きやすい。

だが、それこそが重要なのだ。まとめも結論もなしで中途半端に終わることで、かえって考える力、考えたい、、、、という気持ちが残る。満足するまで話せば、それでもう考えなくなり、その日に考えたことも忘れるかもしれない。

だから最後にこう言って締めくくる――「まだ話し足りないとか、よく分からなくてモヤモヤしていると思います。それをもち帰って、この後も自分と、家族と、友人と対話をしてください」。

それは今日かもしれないし、明日かもしれない。1週間後、1年後かもしれない。折に触れて思い出し、ふたたび問いが頭の中を巡るだろう。

そう、本当の対話は、終わった後に始まるのだ。

反省せず、何度もやる

終わった後、参加した人からは、いろんな反応が出る。

「いっぱい考えられてよかった」「他の人の話をこんなにしっかり聞いたのははじめてだった」「いろんな考え方があるのが分かった」「考えるってこんなに楽しいんだ」「自分が考えていることを話すのって難しい」「頭の中がぐちゃぐちゃになった」

こういうのは、おおむねいい反応だ。対話で哲学＝「考えること」をじゅうぶんに体験してくれた証である。

「まとまりがなくてよく分からなかった」「とりとめのない話が多くてつまらなかった」「もっとちゃんとした話し合いがしたかった」「結論が出ないのは、やはり無駄な気がする」「いまいち盛り上がらなかった」「一部の人だけ話していて、ついていけなかった」

こういうのは、対話に入りきれなかった人の反応だろう。

直接感想を聞いたり、アンケートを書いてもらったりして、参加者の反応に一喜一憂する。ポジティヴな感想はうれしいし、ネガティヴな反応にはがっかりする。そして、世の中でやたらと言われるように、「反省して次に生かそう！」と思う人も多いだろう。だが、もしその努力が「参加者の満足度を上げよう」というほうへ向かうなら、気をつけたほうがいい。

何でも言っていい、自由に考えていい、対話はみんなで作っていくものだとしたのであれば、対話の成り行きは、もっとも根本的なところで参加者に委ねなければならない。

誰が参加するのか、どこでいつやるのか、どれくらい時間をかけるのかによって、結果は違ってくる。うまくいく時もいかない時もある。盛り上がる時も盛り上がらない時もある。深まる時も深まらない時もある。コントロールできるものでもないし、すべきでもない。誰のせいでもなく、みんなのせいでもある。

だから対話をするたびに、いちいち反省するのは、あまり意味がない。参加者がどう受け止めたかは、最終的には本人の問題だ。主催者が気にすることではない。大事なのは、繰り返し何度もやることだ。

時々やり方を変え、場所を変え、ネタを変えてやってみる。いろんな人とコラボしてみる。そうやっていろいろと工夫する。それでもうまくいかないと思うのなら、経験のある人に相談するといい。

気負わなくてもいい。細々とでもいい。一人で頑張らなくてもいい。人の力を借りればいい。とにかく無理のない範囲でいいから、継続することだ。一人でも多くの人に考える体験をしてもらうために。そして何よりも、自分自身が考える楽しさを忘れないために。

《3時間コース》

哲学対話の説明（10分）

↓

質問ゲーム（20分）
＊一人3分
＊あるいは自己紹介

↓

問い出し・問い決め

①テーマから始める（30分）
＊テーマをあらかじめ用意してもいいし、テーマを出してもらってそこから選んでもいい
→テーマに関する問いを出す
→問いを練る・問いを問う

↓

投票して問いを決める

あるいは

②素材から始める（60分）
→文章を読む、講演を聞く、映像を見るなど（30分）
→素材に関する問いを出す
→素材から離れてより一般的な問いを出す

↓

投票して問いを決める

休憩（10分）

対話のルール（**とコミュニティボール**）**の説明**（5分）
＊ルールの趣旨も説明する

↓

対話（60分）

↓

振り返り（15分）

（①計2時間30分）
（②計3時間）

哲学対話　タイムスケジュール例

《1時間コース》

哲学対話の説明(5分)

↓

問い決め(2分)
＊問いを3～4つ用意していき、参加者に投票してもらう

↓

対話のルール(とコミュニティボール)の説明(3分)

↓

対話(40分)

↓

振り返り(10分)

＊学校でやるのに45分や50分の場合は、哲学対話の説明を短くし、振り返りを5分にするなどして調整する

(計1時間)

《2時間コース》

哲学対話の説明(5分)

↓

質問ゲーム(15分)
＊一人2分
＊あるいは自己紹介

↓

問い出し・問い決め(15分)
・ゼロから始める
・テーマから始める
＊テーマはあらかじめ決めておく

↓

投票して問いを決める

休憩(10分)

対話のルール(とコミュニティボール)の説明(5分)

↓

対話(60分)

↓

振り返り(10分)

(計2時間)

おわりに

最後に予想される疑問、反論に答える形で、重要な点を補足し、締めくくろうと思う。

単純化した極論?

何を言ってもいい場は世の中にはないとか、学校とは「考えないこと」を学ぶ場であるとか、学校で言っていいことは、「正しいこと」と「よいこと」と「先生の意に沿うこと」だけだとか、そういうのは物事を単純化した極論ではないのか。

さらに、先生と生徒、上司と部下、それどころか親と子の間には、何を言ってもいいような信頼関係はないなどと断言するに至っては、ほとんど暴論ではないのか。

世の中にはもっといい学校、もっといい会社、もっといい家庭がある。いろんな場合があって、そんなに簡単に言い切れないはずだ。「私が通った学校では何でも質問できた」「うちの会社はもっと自由だ」「わが家はみんな言いたいことを言っている」——そう言いたい人もいるだろう。

それを否定するつもりはない。もしそれが本当で、そのような素晴らしい学校や会社や家庭が実際にあって、私が書いていることがまったくの見当違いだというのであれば、それでいい。そういう人は私の書いた戯言《ざれごと》など無視すればいい。

ただ、明に暗に自覚していると思うが、そういう人は、たんに恵まれているにすぎない。そして恵まれているというのは、やはり普通ではないのであって、たいていの人はそんなに恵まれてはいないのだ。恵まれている人間は、自分のことを一般化すべきではなく、世の中はむしろその逆だと考えたほうがいい。そして自分の境遇に感謝すべきだ。

とはいえ、私が物事を単純化して、極端で断定的な物言いをしている、という指摘は、まったく正しい。それを失礼だとか軽率だとか偏見だというなら、そうなのだろう。

だが、「一概にはそう言えない」「そうでない場合もある」「ケースバイケース」――そんなのは当たり前のことだ。いちいち言うまでもない。そういう分別くさいことを言っても、大事なことは見えてこない。

物事は単純化して表現することで、その本質が明確になる。空気抵抗や摩擦や物体の大きさなど、時と場合によって異なる要因を無視しなければ、物理法則が発見できないのと同じである。

私がもろもろの個別条件を度外視して明らかにしたかったのは、哲学＝考える体験とはどのようなものか、それが社会の中で、人生の中で、どのような意味をもつのかである。問わなければ考えられず、語らなければ考えは形にならず、聞かれなければ語ることはできない――この単純明快な真理である。そして問うには、考えるには、語るには、聞くにはどうすればよいか――その具体的な方法を書きたかったのだ。

「考えること」は、きわめてシンプルでありながら、世の中にはそれを学ぶ場がなく、その自由が許容されている場もほとんどない。その意味で、きわめて困難なことでもある。

だが、それを体験する対話の場を作るのは――いろいろ細かいことを書きはしたが――やはり「考えること」と同じくらいシンプルなのだ。自分にその資格があるのか、ちゃんとうまくいくのか、何か効果があるのか……そんな心配はせずに、誰に遠慮することなく、とにかくやってみればいい。そしてあとは、繰り返すだけだ。

最悪、何も変わらないだけだ。でも、きっと少しはよくなる。そしてきっと、私を含めて多くの実践者と同様に、これまで見たことのない光景、小さな〝奇跡〟にいっぱい出会うだろう。

学校教育の否定?

私の言っていることとは、学校教育の否定なのではないか。

そう思う人には、おそらく二つのタイプがいる。一つは、それはケシカラン!と怒る人、もう一つは、それはスバラシイ！と喜ぶ人である。何だかんだ言って学校教育を信じている人は前者だろうし、何が何でも学校教育を疑っている人は後者であろう。

どちらのタイプも誤解していると思うのだが、私は学校教育を否定してはいない。「考えること」を教えていない、もしくは「考えないこと」を教えていると言っているだけだ。そもそも学校というのは、考えることを教える場所ではないので、私の言っていることは学校の否定にはなっていない。たんなる事実確認である。

それに学校の意義は、集団生活を学ぶとか、クラブ活動にいそしむとか、青春の思い出を作るとか、嫌なことでも頑張ってやるとか、無意味な校則に縛られて理不尽な思いをするとか、いろいろある。それだけでも学校教育は、じゅうぶん有意義であり、否定すべきではない。

また、発言の自由も思考の自由もなく、先生と生徒の間に（何を言ってもいいという意味での）信頼関係がないからといって、その学校がダメだとか、先生がロクでなしだということではない。

そういうこととは無関係に、ダメな学校はダメであり、ロクでなしはロクでなしである。いい学校もあるし、いい先生もいる。私もそのことは疑っていない。

私が通った学校の名誉のために言っておくが、私はほとんどの先生と、おおむね仲がよかったし、かなり自由にさせてもらった。全体として、とてもいい学校だったと今でも思っている。

だが、それでもこの本で書いたことは、基本的に当てはまっている。学校とは、いい学校であろうとなかろうと、そういうところなのだ。

ただ今日、これからの社会では「考える力」が必要だから、学校で思考力を育てようという動きが出てきている。冗談か本気か分からないのだが、もし本気でそうしようというのであれば、話は違ってくる。学校も社会も、根本的に考えを改めるべきだ。

本書で述べたように、考えるためには、問うことができなければならない。問う力を育てるためには、何でも問うていい場が必要になる。

しかし今まで通り、教師が出す問い、教科書に出てくる問いだけが許されているなら、そこで育てられるのは、与えられた問題に答える力、考えさせられる力だけである。つまり、今と大して変わらないのだ。いや、建前が変わるだけに、欺瞞がはびこり、いっそう混乱するだろう。

実際に学校や社会が期待しているのは、普段の授業や仕事では素直に言うことをよく聞き、いざとなったら元気いっぱい自分で考えて主体的に動いてくれる、そういう都合のいい人間になってくれることだろう。だが、そんなことは不可能である。

何でも問うていいのであれば、当然のことながら、その問いは教師や学校にも向けられる。なぜこんなことをするのか、なぜそれをしてはいけないのか、本当にこれは必要なのか、等々。

それはたんなる疑問かもしれないが、不満や抗議かもしれない。

考えることを本気で認め、促そうとするなら、そういう疑問、疑念を受け止め、応答しなければならない。学校や社会にその覚悟はあるのだろうか。ないなら、考える力を身につけさせるなどと、気軽に言うべきではない。

ただし他方で、あまり重苦しく考える必要はない。年から年中、日がな一日、ひっきりなしに問うてくるのを相手にしろと言うつもりはない。どこかで自由に問い、考える場があればいい。それに問うことを許容したからといって、さほど恐れなくてもいい。

先生と生徒が共に考え、語る場が増えれば、先生と生徒も生徒どうしも関係がよくなり、クラスの雰囲気もよくなり、授業もやりやすくなり、みんながより積極的に学ぶようになる。だから、考えることを学べるようにすることで、学校は一時的に壊れても、ほとんど同時にきちんと再生していくだろう。

逆に、生徒の行動や態度をもっと管理して、そのうえで考える力を育てようとすれば（現在はそういう方針であるように見える）、考える力は育たず、教師と生徒の信頼関係はさらに弱まり、学校現場は混乱する。当然のことながら、学力がさらに下がる可能性も高い。そして言うのだろう――「最近の子どもは……」と。

大人の浅薄な思いつきで子どもを振り回すのは、もういい加減やめたほうがいい。子どもには選択の余地がないので、ただ迷惑なだけだ。

ありがちな日本人論？

私がこの本で書いてきたことは、日本の特徴ではないのか。

質問してはいけない、考えることを教えない、周りの人の意に沿うことしか言わない等々、よく日本人論の中で言われることだ。だから哲学対話も、日本では新鮮かもしれないが、たとえば欧米では、ことさら珍しくもないのではないか。

たしかに私が書いたことの中には、日本で顕著に当てはまることも少なくない。けれども私はここで日本人論を述べるつもりはない。

日本人論は、しばしば思考停止をもたらす。自分たちが抱える問題を日本文化や日本人のメンタリティのせいにして、「だから日本はダメなんだ」とか「だから仕方ないんだ」という意味のない絶望やあきらめ、開き直りに帰着する――日本にいる以上仕方ない、どうしようもない、変えられない、変えなくていい、このままでいい。もう考えるのはやめよう、と。

そのうち反転して「でも日本にはこんなにいいところもある！　こんなすごい文化がある！」となり、「日本ってスバラシイ！」というポジティヴ日本人論にすり替わる。そうすると、ますます「このままでいいや！」となり、「ありのままの自分たち」にプライドまでもち始める。そして「このままがいいんだ！」となる。要するに日本人論とは、何もしないでいるための方便にすぎないのだ。

実際には、何を言ってもいい、何を考えてもいい自由がないのは、残念ながら日本だけではない。それは、多かれ少なかれ、おそらく世界中の国に当てはまる。

どの国にも、こういう人がいい、こういう人が優れている、という規範があり、そこから外れるように思われる発言はできない。望むか否かにかかわらず、許容されていることを話すように強いられ、仕向けられる。

表面的には自己主張が許容され、個人の自由度が大きいように見える欧米の社会でも、「いい人間であること」「正しい人間であること」「知的であること」が求められる。そうなれば、「悪いヤツめ！」とか「間違ってるよ」とか「アホか！」と思われるようなことは、できるかぎり言わないようにするだろう。

実際、かつてドイツ人の女性が哲学対話に参加して、「ドイツでは知的な発言をしないといけないというプレッシャーがあるけど、今日はそれがなかったので、とても気楽に話ができた」と喜んでいた。

私は大学の留学生プログラムで哲学対話の授業を行っているが、世界各国から来た彼らの反応は、日本の学校、地域コミュニティと同じである――「こんなに自由に話ができたのははじめてだ」「意見が相容れなくても、対話できるって思ってはいたけど、本当にこんなに深くできるなんて貴重な体験だった」「この授業がなかったら、みんなこんなに仲良くはならなかった」。

しょせん程度の差なのだ。国も地域も関係ない。年齢も職業も学歴も関係ない。誰とやってもどこでやっても変わらない——これが哲学対話で私が得た実感である。

日本にいいところがあろうとなかろうと、そんなことはこのさいどうでもいい。他の国がどうかも関係ない。要は、自分たちがどうなりたいかである。

私自身は、日本の社会を大きく変えたいとは思っていないし、変えられるとも思っていない。どんな時代であれ、日本であれ、社会を一から立て直そうと夢見るのはバカげている。たとえ少しであっても、何かを変えられるのなら、できることをすればいい。何もしないであきらめるのは、たんなる怠慢である。

あるいは、自分たちの問題を日本の問題、日本人の問題に広げ、全体が変わらなければ意味がないかのような議論をして、それができないから何もせずに、ただ批判したり嘆いてみせたりするのは、たんなる無責任である。

哲学は夢を追いかけるユートピア思想ではないし、社会全体を変えようとする革命思想でもない。それは「考える」ということを通して、誰もが自分の生きる現実をほんの少しでも変え、自由と責任を取り戻して生きるための小さな挑戦である。そこで必要なのは、高邁《こうまい》な理想よりも徹底的なリアリズムなのだ。

あとがき

本書では、哲学対話の精神にのっとり、有名人の名前や著作を出して権威づけるようなことは極力避けた。

だが、最後はきちんと舞台裏を見せて、謝意を示したい。

まず、「はじめに」でも言及したが、哲学対話の世界に入るきっかけになったのは、ハワイで「子どものための哲学（Philosophy for Children：Ｐ４Ｃ）」の授業を見学させてもらったことだが、その時に案内してくれたのが、トーマス・ジャクソン（Thomas Jackson）氏である。彼はハワイのＰ４Ｃのリーダーであり、Dr. Ｊの愛称で親しまれている。彼との出会いがなければ、私が哲学対話を始めることはなかった。

また、ジャクソン氏が率いるＰ４Ｃの活動を支援しているのが、日本の公益財団法人上廣倫理財団である。財団は私が彼と会う機会を作り、さらにその後日本において私が、東京大学の「共生のための国際哲学研究センター（The University of Tokyo Center for Philosophy：U

ＴＣＰ）」で、「哲学をすべての人に（Philosophy for Everyone）」というプロジェクトを推進するのを支えてくださった。ジャクソン氏と上廣倫理財団には格別の謝意を表したい。

私が哲学対話の活動をしていくさいには、数多くの研究者、学校の先生、学生、社会人、主婦の方々に、さまざまな形でお世話になった。一人一人名前はあげられないが、彼らとの付き合いの一コマ一コマが、この本に反映されている。そして何より、この本の内容のほとんどは、私自身が哲学対話を通して出会った何千という人たちの表情や言葉から感じ、考えたことである。この本を書くことができたのは、そうして哲学対話で関わったすべての人たちのおかげである。

最後に１冊だけ参考文献をあげておきたい。それは、山田ズーニーさんの『伝わる・揺さぶる！　文章を書く』（ＰＨＰ新書）である。この十数年の間で、これほど大きな影響を受けた本は他にない。私が哲学を「問う・考える・語る・聞くこと」と捉え、さらには「共同で考えること」である哲学対話に出会うことができたのは、この名著のおかげである。

しかも、本書の執筆を提案してくださった幻冬舎の編集者、小木田順子さんが、実はこのズーニーさんの本を企画・編集した人だったというのは、偶然というにはあまりに運命的だ。私を見つけて声をかけてくれた小木田さんに心から感謝したい。

本書がきっかけとなって、一人でも多くの人が自ら考える楽しさを味わい、他の人と共に考える哲学を始めてくれればと願う。そしていつかどこかで、これを読んだ人と対話ができるのを楽しみにしている。

2018年夏

著者しるす

著者略歴

梶谷真司《かじたにしんじ》

一九六六年、名古屋市生まれ。
八九年、京都大学文学部哲学科卒業。
九四年、京都大学大学院人間・環境学研究科修士課程修了。
九七年、京都大学大学院人間・環境学研究科博士後期課程修了。
京都大学博士(人間・環境学)。現在、東京大学大学院総合文化研究科教授。
著書に『シュミッツ現象学の根本問題』(京都大学学術出版会)がある。

幻冬舎新書　513

考えるとはどういうことか

0歳から100歳までの哲学入門

二〇一八年九月三十日　第一刷発行
二〇二四年二月二十日　第七刷発行

著者　梶谷真司

発行人　見城　徹
編集人　志儀保博

発行所　株式会社　幻冬舎
〒一五一-〇〇五一　東京都渋谷区千駄ヶ谷四-九-七
電話　〇三-五四一一-六二一一(編集)
〇三-五四一一-六二二二(営業)
公式HP https://www.gentosha.co.jp/

ブックデザイン　鈴木成一デザイン室
印刷・製本所　中央精版印刷株式会社

Printed in Japan　ISBN978-4-344-98514-8 C0295
か-23-1

*この本に関するご意見・ご感想は、左記アンケートフォームからお寄せください。
https://www.gentosha.co.jp/e/

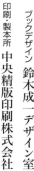